國家圖書館出版品預行編目資料

從通識教育的觀點看：文明教育和人
性教育的反思／何秀煌著.--初版.
--臺北市：東大，民87
　　　　面；　　　公分（滄海叢刊）
ISBN 957-19-2187-4（精裝）
ISBN 957-19-2188-2（平裝）

1.大學教育-論文，講詞等

525.07　　　　　　　　　　87002592

網際網路位址　http://sanmin.com.tw

© 從通識教育的觀點看
——文明教育和人性教育的反思

著作人　何秀煌
發行人　劉仲文
著作財　東大圖書股份有限公司
產權人　臺北市復興北路三八六號
發行所　東大圖書股份有限公司
　　　　地　　址／臺北市復興北路三八六號
　　　　電　　話／二五○○六六○○
　　　　郵　　撥／○一○七一七五──○號
印刷所　東大圖書股份有限公司
總經銷　三民書局股份有限公司
門市部　復北店／臺北市復興北路三八六號
　　　　重南店／臺北市重慶南路一段六十一號
初　版　中華民國八十七年五月

編　號　E 52090

基本定價　叁元肆角

行政院新聞局登記證局版臺業字第○一九七號

ISBN 957-19-2188-2（平裝）

人生的教育和教育的人生（代序）

也許從小感受母愛和師情的溫馨，自己一直對教育的事充滿著濃厚的興趣和天真的嚮往。懂事之後，也不斷生發從事各種教育事業的希望和夢想。儘管至今很多理想都未曾付諸實現——未曾開辦幼稚園或小學，未曾當過中學教員，未曾創立想像中的人生思情的輔導機構……，可是從記憶所及的少小年代，直到今日的數十年間，可以說沒有一天不是在當學生就是在當教師，從未間斷。日復一日，年復一年。久而久之，更養成一種特殊的處世待人的心態。從冥想人間事理，思考生命意義，計慮文明價值，直到處理個人的感情生活，進行日常瑣事的繁雜工作，幾乎全都離不開那教育的角度——心存教育理想，考慮一事一物的教育意義，計較其教育功能。這樣凡事打從教育的觀點去反省思量變成自己很重要的工作取向和價值標準。人生的教育成了值得從事，值得投入和值得獻身的人生事業。

長大之後，自己逐漸採取一種「人性演化論」的觀點。認為人類的文明人性是人類自己在千年萬載的文化傳統中塑造成型的。並且，這樣的演化進程仍然在不斷地持續下去。我們的人性無止無休地繼續處於不斷再塑的過程之中。這樣看來，人性的演化操在人類自己的手中。人類對於人性的將來可以握有絕大的勝算。他對自己的前途具有充分的自由。這樣思考下去，人生的教育事業的價值也就更形深遠重大了。

文明人性是人類文化整體演化所得的成果。可是在人類文化總體

活動中，教育的活動是最講究價值，最講究意義，也最講究目的的文化活動。教育事業是所有人類文化事業中最能導引人生理想，最能開展文明方向的事業。這樣想來，教育不僅是人生裡的重要事業，它更是「人性工程」裡的關鍵環結。關心人性前途的人都應該關心教育的事業。這是人類共同的責任。

自己因為生命感情的領受，而關心教育，而喜愛教育，而事事採取教育的觀點。可是，另一方面由於人生的際遇，自己不知不覺地踏足教育的事業，前後二三十年而未間斷。雖然自己身歷其境而實際參與的全是一般的大學教育，可是因為人生的教育是個整體，人性的教育更不可能隨意分割，因此自己總是盡可能將關懷的視線延伸到教育天地的各個角落，希望對人生人性的教育建立起一種比較充實和比較平衡的「識野」。回憶起來，多年裡對於哲學、文化、理性、感情、價值、意義、人生和人性等等的考察和思索，到最後總是離不開人生教育的關懷，離不開人性教育的展望。

在正式從事教育工作的這幾十年間，除了其中數載身居異國他鄉，主要進行自己哲學專業的教學和研究而外，其他的日子，除了教學和研究之外，也在各個層次和領域中，參與教育的行政工作，處理教學改制，教務安排，以及課程設計的工作。有時更需兼做審察、諮詢和顧問的事務。回想起來，這幾十年來，自己由喜愛教育，慣於採取教育的觀點面對事物，慢慢步入充滿著教育的思考、情懷和工作的生活方式。自己由「人生的教育」的憧憬，走上「教育的人生」的道路。

1972年年底加入香港中文大學崇基學院的教育行列。不久，除了教學和研究外，也就不知不覺地登上教育行政的船舟。記得起先是在崇基學院的「教育委員會」擔任委員，接著充當主席。也前後充任該書院的通識教育委員會——「綜合基本課程委員會」之委員、秘書和

主席。八〇年代香港中文大學改制統一，教育行政的工作接連不斷。先後除了擔任哲學系系主任、研究院哲學學部主任外，也擔任過大學「教學發展委員會」主席。1985年起又擔任大學通識教育主任，89年後更充任大學文學院院長，直到今天。於是教育行政也成了自己慣常的工作。

在這段不算短的教育人生的日子裡，自己總是不停地思索著教育的問題：教育的理念、教育的目的、教育的價值、教育的制度、教育的生態、教學文化的開拓與培養。

這本文集所收錄的是這類教育思索的部份成果。雖然題為「通識教育」，可是我們所關心的是人生的教育，我們所期許的是文明的教育，我們所寄懷的是人性的教育。

1997年9月30日

香港中文大學哲學系

從通識教育的觀點看

——文明教育和人性教育的反思

目　次

教育畢竟仍是一種良心事業

0.

　　教育是一種事業。它是一種千秋萬世的事業。教育不只是人類歷史文化偶然的殘留體制，也不只是我們社會無可奈何勉為其難的生產方式。教育的事業值得人類世世代代不辭勞苦，不畏艱辛地繼續開拓發展，而且應該全心全意，不懈不怠地努力執行，盡力以赴。教育的事為什麼顯得如此嚴正，如此重要——不但值得從事，而且應該從事；不但對我們有價值，而且是我們大家的義務和責任。為什麼呢？

　　理由說出來很簡單，而且聽起來也很明顯。我們都自認是文明人。可是人類的文明是長久以來歷經世世代代的陶冶教化的結果。人類的文明的普遍擴張絕非單靠少數智能上的天才特異在黑暗的人性夜空裡點綴幾點明亮的星光（或是劃上幾道流星的光影）就能輕易成就。人類從野蠻人性到文明人性的進化過程固然蜿蜒曲折，坎坷難當。可是從拓荒草創到建立制度，從私小母愛到浩大師恩，從近處親情到遠方公義，從個體私塾到集團辦學，從非正式的師徒運作到正式的層層學校體制，全都依賴盡心盡力的教導弘揚，一寸一寸地開拓文明理性的疆界；全都憑藉那苦口婆心的訓誨，一分一分地加深文明感情的心懷。如果沒有一份栽培後代的心志，如果缺乏一種薪火相傳的胸懷，如果喪失一片視教育為公器而不只是拿它逞私心的抱負，今日我們的人性不知還要停留在多麼原始和多麼野蠻的「原野」上就地踏步。天下成

功的父母，全都是以培養子女為職志的父母；天下成功的師長，全都
是以教導子弟學生為天職的師長；天下成功的思想家全都是以人性的
教養（理性的開拓和感情的發展）為己任的思想家——直到本世紀中
葉之後，直到最近的幾十年。

　　現在一切都改變了。一切都在徹頭徹尾地改變著。現在許許多多
的人有意無意地，爭先恐後或無可奈何地，將教育一事從其獨特唯一
的地位上，拉扯而下；把它拿來和其他一般的百事百業放諸同一平面，
平均對比，等量齊觀。今日，在其他百事百業裡司空見慣的流弊，在
教育事業裡也逐漸抬頭，甚至一味地照搬，盲目地跟進。同樣地，在
其他百事百業裡尋覓不到的清新，在教育事業裡也慢慢沉淪，甚至無
意地被忽視或有意地受壓抑。現在我們普遍見到的現象是：教育政治
化，教育工業化，教育商業化。最不堪的是教育「選美」化。我們注
重表面工作。

　　「十年樹木，百年樹人」的旨趣和心志也許老早被拋丟到九霄雲
外。今日，從事教育工作者，尤其是主教育之政，而施校園之治的首
腦要員們，有多少人在認真思索教育的真正意義，努力不懈地在試圖
改良教學的品質；而不只是忙於應付上下左右的壓力，窮於避免這類
那類的窘境和難堪。尤有甚者，那些身負規劃教育政策，手握教育資
源和經費分配的官人和要員們，又有多少人不時以社會人類的長遠效
益為胸懷，而不以今年明年甚至「自己任期內」的短程效應為眼界。
今天，從事教育事業的上上下下的工作者，究竟有多少人把一個一個
的稚齡學童和年輕學子視作未來社會文化和人類文明傳薪接棒的靈
魂，把他們看作繼續締造文明人性——重新開展人類理性和人類感性
——的生命橋樑；而不只將一群群的學生當成報表上的數字，短期教
育策略下的棋子，甚至政治思惟下的工具。

1.

　　教育是一種良心的事業。我們不能對於教育的事業只是抽象為之，也不能對於教學的工作專以概念行事。只專注抽象的思索，容易引起政策上的僵硬，過分重視概念上的齊一，很快導致制度上的死板。接下去，就變成一大堆的報表，一大串的會議審批，一大籮筐的「交代」。我們現在盛行對上交代，對下交代，對左交代，對右交代。但是我們卻很少見人提倡要對自己的良心交代，要對天交代，對地交代，而不只是對人事交代。

　　的確，今日的教育政策、教育體制和教育風氣很難突顯從事教育工作者的良心。正相反地，煩瑣的制度和程序，加上欠缺長遠的目標和超越的精神，容易造就一批批應付制度，順應政策，在條文與規定的空隙之間，來去自如，遊刃有餘的人。於是在一片應付和到處交代的浪淘中，我們的教育事業又不知前進到哪裡？後退到哪裡？

　　試想，為人父母者除了對自己的良心，除了對天對地，還講究什麼其他的交代？種種表面交代的結果，製造「平均主義」，演成「交差思想」，甚至刺激大家爭著製造「表面現象」。教育的事業如果落到良心不彰，教的人與受教的人之間缺乏感情和道德的牽連，教育還能促進什麼「百年樹人」的功能？在教學關係上，如果無法鼓勵以愛心為起點，只是講究交差過關，那麼教育還能激發以心傳心，以情涵情的陶冶功能？我們現在已經發現許多令人警惕和令人驚心的事。當教育的事業不再以良心為指引，不再用感情去投入，不再以道德為理想的時候，教的人和受教的人之間怎能心心相傳，怎能情情相涵？他們之間最多以口舌對口舌，或許以眼色對眼色，甚至弄得不好，最後以眼還眼，以牙還牙。

　　我們應該檢討追問：我們現在的教育政策是在鼓勵教育事業的良心，或在引導教育事業的商業化和工業化？我們當前的教育思惟是在尋求培養有心有情有志有識的後代，或只是以社會地方的工商發展為名，製造一批批適應需要和填補空缺的材料和工具？這會成功嗎？

　　不管表面上的數字多麼壯觀，不管報表上的成績多麼服人，可是今日步入大學之門的年輕學子的程度偏低，直接反映出我們的中小學的教育需要改善。同樣地，今日步出大學之門的畢業生欠缺社會期待於他們的品德與才識，也直接說明我們大學教育的失敗。

　　我們要怎麼解釋？我們要怎麼「交代」？

2.

　　教育仍然是一種良心的事業。良心的事固然沒有受到當前教育政策的鼓勵，但它也不是隨便在一時一地的任何制度下就可以輕易地加以消滅的。人類的文明辛苦地開創了幾千年，文明的人性經歷這麼長遠的世世代代的開展和加強，也不是一朝一夕就可以令其蕩然無存，面目全非。所以，任何政治制度都消滅不了文明的母性，因為它已經變成文明人性的一部份。同理，教育事業裡的良心（包括愛的教育與師道之重）也不是一時一地的教育政策和教育制度所可以輕易抹滅的。因此，時至今日，我們仍然發現在教育體制的各層各級裡頭，依舊有人努力在敬德修業，無私付出，辛勞不懈，為人師表。問題是：在現行的政策和制度下，這樣的良心作為有沒有發揚光大的空間和餘地？如果沒有政策和制度的支持和鼓勵，只靠個人自我的品德良心和胸懷志氣，在這個普遍講究外觀，大家注重宣傳的時代，會不會變得辛苦難當，事倍功半；甚至為山九仞，功虧一簣？

3.

　　教育畢竟仍然是一種良心事業。它也許是人類最後的一種良心事業。

　　人類的良心不會輕易消滅，它只是容易受種種眼前的利害關係所掩蔽。健康良好的政策和制度善於激勵良心，成就人類千古的事業。相反地，偏頗不良的政策易於掩蔽良心，妨礙人類文明的演進。而今，教育的事業普遍轉變成為大型的公共事業。我們要注意檢討的是，不要因為變成公共事業而演成僵固形式、交差心理和製造表面現象。否則，教育的事業變成不再是成全後代的事業，它變成政治「遊戲」的一個枝節而已。

　　現在，私人興學之風似乎不再流行。可是眼前大型的公共教育事業如果逐漸淪為社會工具的製造工廠，而不能培養文明人性的傳薪遞火的人才，總有一天，有心有情有志有識之士定會挺身而出，重新為人性的教育開拓另外一個里程。

　　教育畢竟仍是一種良心事業。

1995年3月5日

良心要怎樣量化?

0. 教育是一種良心的事業

從事教育的人是立志成全他人的人，否則他不在從事教育。從事教育的人是寄情人類前途的人，不然的話，他不在從事教育。

「從事教育活動」和「所做所為具有教育功能」兩者不盡相同。在人生的舞臺上，一個只顧包裝自己，只求自我表演的人，即使並不立志成全他人，即使並無寄情人類前途，他的所做所為也可能具有某種教育功能。對別人來說，他可能提供了正面教材，也可能充當著反面教材。可是無論如何，由於他的心志不在於成全他人，由於他的情懷不在於人類前途，他的所做所為不能算是在從事教育活動；他不算是一個從事教育的人。

「成全他人」從表面上看來好像和自己個人的利益並無關聯；有時實行起來甚至和自己的小私小利互相衝突。同樣地，「寄情人類前途」聽來高遠空洞，不著實際，好像並非人人都可以輕易辦到的事。

的確如此。投身教育的動機無法只是由自我小私小利來策動；否則天下有更多遠較容易立竿見影的事業可以投身從事。一個真正許願從事教育的人一定是個對改善人性具有信心的人，他也必然是個對人類前途懷有希望的人；這樣的人也經常是個對生命含有關愛的人。

這樣的信、望、愛正是人們從事教育的動力來源。可是這些動力卻無法直接由知識的攝取共生兼得，也無法從制度的規範直接產生。

因此，知識的發展並沒有自動改善人類的教育事業；制度的精進（包括教育制度的不斷變革）也不一定就自動將我們的教育事業推向改善人性，增益人類前途和關愛人類生命的目的。

為什麼呢？我們明知（知識?!）「十年樹木，百年樹人」，因此為了急功近利，我們都相爭去種「樹」，有多少人留下來栽培「人」？我們的知識工廠林立，但是我們的教育園地荒蕪。

信望愛的堅持不是知識上的堅持，它是我們良心上的堅持。信望愛的保證沒有制度上的保證，它只有良心上的保證。真正的教育是良心的事業。

1.良心要怎樣制度化?

我們處在一個急功近利的時代。我們追求高速，追求立竿見影，甚至追求不假思索的「自動化」。

這些本來並不全是壞事，可是應用到教育事業上，我們要怎樣高速地百年樹人，要怎樣立竿見影地百年樹人，要怎樣不假思索地自動化地百年樹人呢？

成全他人的事重在默默投入，而不在於高聲疾呼；寄情人類前途是一生的關懷，而不是一時一刻的職業口號；教育的事業最後只有良心的導引，除此之外，不管多少量的知識，不管多少層的制度規範，全都無力充當足夠的指標。

可是我們處在劇烈的競爭的環境。為了面對競爭，我們往往有意地或無可奈何地選擇一些比較容易短期生效，比較可能立竿見影，比較適合公開展示的工作項目，努力生產，全心投入。甚至為了要顯著成效，標榜結果，不惜利用加強制度，統一標準，精製報表的方法，冀圖在最短的時限裡，包裝出最多量、最可以炫示於別人面前的產品。

這樣的尋求，如果把握失當，很容易導致教育上的避重就輕和捨本逐末；甚至進一步在教育界忽視品質，忽視品格和忽視品德；大家逐步偏離教育理想，逐步偏離成全他人的志向，逐步偏離寄情人類前途的心懷；在努力從事學術生產之餘，大搞學術包裝，大搞學術選美，大搞學術公關。可嘆的是這類潮流的泛濫有時並不全是從事教育的人自己個人操守的沉淪使然，在更大的程度上以及在更重要的層次上，這往往更是因為教育制度的規範不當以及教育行政的引導失誤的緣故。這是各層各級、各方各面的教育管理者所應該努力檢討和深入思考的課題。

今時今日，我們極力講究制度化，普遍講究準確量化，這是追求客觀化和追求工作效率的好方法。可是，在教育上，講究制度化需要有良好的文化理想（我們不能只是為制度而制度），講究準確量化更需要有鮮明的社會目的（我們不是為準確而準確，更不應該只是為量化而量化）。那麼，讓我們發問：在我們的教育規劃上，我們提倡朝向什麼文化理想制度化？在我們的教育管理上，我們計劃往什麼社會目的去講究準確量化？

教育是良心的事業。良心的事要怎樣制度化？良心的事要怎樣準確量化？

2.「另類」教育的提倡

是不是因為我們無從將良心加以制度化，無從將良心加以準確量化；是不是因為我們無從如願以償地開展教育的良心事業；加以社會的壓力重重，時代的潮流難以抵擋，於是我們就退而求其次，任憑教育商品化，任憑學校工廠化？是不是因為競爭激烈，力爭上游，我們就不顧一切，包裝教育商品；我們就全力以赴，普遍擴充知識工廠？

今天，我們的師資不可不謂健壯，我們擁有各行各業的專精人才；可是我們的畢業生有沒有普遍地受到社會上有志有識之士的讚賞和敬愛？今天，我們明顯察覺一般學生的程度低落，但是我們使用什麼方法和措施去表現我們的教育關懷？

的確，最近這幾年掌管教育規劃、教育管理和教育行政的人，有時也拋出「不僅注重研究，同時也要注重教學」的口號。可是注重教學是什麼意思呢？是時間的分配？是資源（包括人才）的投入？是居心、存心、用心、關心的寄情所在？

談起「注重教學」，接著就是「教學改良」，然後就是「教學品質評核」。教學改良是理所當然的事。凡是從事教育的人都應該全力以赴。可是我們不可以一味跟隨急功近利的風潮，將教育的目標壓扁，只重追求改進製造知識和傳遞知識的方法。只知製造知識並不是教育的主要目標，教學改良的意義不只在於追求有效的製造知識的方法。

至於教學品質評核更要小心從事。如果我們遺忘了教育長遠的文化理想和社會效益，將目標只訂在短期可見的傳遞知識和製造知識之上，那麼愈講評核可能愈加重無謂的制度化和無謂的量化，產生更多的報表工作，製造更多的包裝現象。

教育不僅在於滿足社會之所欲，教育也要提供社會之所需。因此，在必要時教育事業不能只是跟從時代的風潮，它必須能夠培養學生具有超越時代的文化理想和人性關懷。因此，除了知識傳授而外，我們需要感情教育，我們需要道德教育，我們需要圓滿的人性教育。相對於今日「認知主義」唯知識至上的風潮，我們需要努力倡導感情教育和道德教育這種「另類教育」。這是我們極待開發的良心事業。

提起良心事業，也許有人覺得舉步維艱，不知從何做起。可是我們不要忽略，就在我們的身邊，不知有多少有信有望有愛的有情之士，

他們正在不計成敗，默默耕耘。我們所要倡議的是，不要發明制度將這類的努力化為烏有，相反地，我們應該設想辦法，令良心的投入更能開花結果。

　　良心事業的承傳最後也只能是以心傳心，以情涵情，以德感德，以愛生愛。良心的投入沒有絕對的公平，我們只能做得無悔無愧。否則，我們還能談什麼成全他人，還能談什麼寄情人類前途。

1995年9月15日

當教育的良心隱沒

世上許多美麗的事物全都孅弱而容易凋殘，如果沒有人們有心地努力加以呵護；人間不少高貴的品質往往凝重而難以成全，倘若不是人們有情地不斷加以支持。不管是天生自然的，或是文化文明的，人心人性的美好全都會在人類不經意而貪求無厭的濫用之下，變得面目全非或者隱沒遁形。「良心」一事就是如此。

不管我們相不相信良心天生；不管人類的良心是先天的自然賦與或是後天的文化文明的成就；我們的良心在世世代代的承傳和教養之下，已經成了人性高貴的標記，甚至變成人類文明的特徵。禽獸不必講究良心，機械無從講究良心；只有人類努力在講究遵循良心的修身原則，不計成敗地不斷在追求根據良心的處事方式；前有古人，後有來者，足跡互證，心心相傳。於是人類的文明更添光彩，於是我們的人性更增高貴，於是我們的生命更有價值，於是我們的人生更有意義。

可是人類也有他的野性和惰性，在文明演化的過程中不容易立竿見影地加以有效制止，更難望一勞永逸地完全加以根除。尤有甚者，在人類追求拓展生存空間和加強競爭能力的過程中，如果不能善於開闢文化理想，不能及時重整社會建制，進而引發善良的人性情理；那麼人類的野性容易令人遊刃於制度之間，任意侵蝕人類辛苦維護的良心；人類的惰性更不難令人無顧良心的隱隱呼喚，袖手旁觀，抽身掩目。這樣一來，人性文明所辛苦涵養的良心也就顯得愈加孅弱而容易凋殘，有時簡直變得面目全非，隱沒遁形。

　　人類有時需要在痛苦的經歷中獲取教訓，亂中思治，亡羊補牢。良心的事，或許也是如此。可是，我們要沉默無言地等待到文明歷史最黑暗的時刻，等到良心暗無天日的日子，才騎劫在人類普遍反對喪失良心的浪峰上振臂高呼嗎？我們都是從事教育的人，我們該不該及早思慮良心蒙難的問題，並且及時投身良心重整的工作？

　　從比較深切的觀點看，人類社會上的各行各業，全都分擔著教育的角色。一切人類的作為全都在人性的基礎上發作，並且終久回過來重新定義人類的文化人性。每一個人的人生成果都是人類生命的榜樣；每一段人類的歷史作為都是人類的文化人性的註腳。如今，倘若我們同意良心是人類的品質特徵，是文明人性的標幟的話，那麼良心的教養理應是社會普遍關心的事──不但普遍關心，而且應該努力提倡，認真推行。這樣的提倡開發良心的關懷，事實上是人類教育最基本的關懷，因為良心的涵養是人性的首要之務，而教育的最終主旨在於教養人性，否則教育終將淪為只講效益目標，不講價值目的，不講道德理想的捨本逐末的訓練而已。不講究文明理想的教育，充其量也只不過是呆板的職業訓練。萬一做得不好，可能淪為陳舊的知識說教，甚至變成形式主義的資歷檢定程序而已。

　　良心的教養既然是社會上每一個人的事：從政的人需講究良心，從商的人需講究良心，做工的人要講究良心，「做秀」的人要講究良心……，那麼我們為什麼要特別強調教育事業裡的良心，為什麼要努力提倡從事教育人員的良心；為什麼要大聲疾呼「教育良心」呢？

　　理由很簡單：第一，良心雖然是每一個人的事，然而教育卻是我們的專業。良心的發揚也許是每一個人的道義責任，但是良心的教養卻是我們教育人員的專業天職。倘若在其他行業裡良心蒙塵，人們佇望期待於教育事業；可是萬一教育的良心隱沒，人們要向哪裡去報急

求援呢？第二，觀諸今日我們的教育走向和教育作為，我們有沒有不負社會所託，努力在我們的教育事業中激勵良心的作為，鼓吹良心的開展，投身良心的教養呢？

大家都知道這是一個變化急遽的時代，也是個競爭激烈的時代。可是為了發展，為了求勝，我們採取什麼樣的措施，創立什麼樣的制度？我們的措施導引出哪類的效應，我們的制度鼓勵了什麼樣的作為？我們有沒有因此變得急功近利，甚至好利忘義？我們有沒有因此不擇手段只為目的？我們有沒有因此徒令良心遁形隱沒？這是我們從事教育的人所應該認真思慮的事。

我們這個時代講究知識的開發和科技的成就；我們這個時代講究財富的贏取和有無的互通；我們這個時代講究多元的價值和私隱的人權；我們這個時代講究包裝的技巧和廣告的效力；我們這個時代講究立竿見影的成就和可以量化的結果。可是，就在這樣的時代潮流和世界風尚之下，我們有沒有努力設法修正制度，調節判準，肯定人性價值，宣揚長遠理想，使人性文明仍然能夠不偏不頗地健康發展；使人類良心依舊可以無憂無慮地順暢流行？我們從事教育的人是不是應該檢討時代流弊，而不只是跟風吶喊？我們是不是應該提倡警世良心，而不只是臣服於市場勢力和廣告價值？

放在比較具體的層次上來看，我們從事教育的人怎樣面對時代風尚？我們怎樣在這種風氣下教導我們的學生？如果我們明明覺察到時代的流弊，我們是急流勇「進」，力挽狂瀾，忍「辱」負重，知其不可為而為之；或是視若無睹，置身事外，甚至順水推舟，在潮流裡追勢逐利？我們怎麼教，學生怎麼學──除非我們自認我們的教學工作可有可無，對學生並不產生實質的影響。那我們教育工作者在這裡做什麼呢？

　　這樣看來，只是知識的傳授並沒有完全盡到教育工作者的社會責任和文化使命——雖然那也許是眼前教學工作者的聘書所規定的責任。我們甚至可以進一步說，只是言教並沒有善盡我們的職責，發揮教育良心的身教，並在我們的學生之間教養出更多的人性良心，這才是我們從事教育的精義所在。這是教育工作者的天職。

　　我們的社會一定殷望期待著教育界充滿教育良心。當我們的教育良心隱沒，那不只是我們改變了自己的形象，那不只是我們自己重新定義教育的品質；那是社會的失望，那是文明的失望，那是人性的失望。

1995年11月14日

教育理念・教育生態和教學文化

—— 論如何走出今日「唯認知」教育的困局

0. 人類的生命形式：由人生到人性

我們可以推想，在遠古的年代，人類的遠祖初現於這個地球上時，曾經有過一段頗為漫長的時間，人類的生命形式基本上和其他許多動物沒有太大的分別。人類覓食維生，競爭求偶，哺養育幼，增強續存的機會。這種維生圖存，設法適存，以及爭取續存的生命形式普及於許多動物之間。人類也不例外。可是，其他的動物經歷久遠的演化，基本上保留著原有的生命形式。而人類卻在這方面不斷有所進展，有所改變，甚至有所突破。比起遠古的人類，我們現在擁有很不相同的生命形式。

從體格、體能和體力上看，人類在所有的動物中，並不一定是最有機會適存，最能繁衍壯大的品種。可是，由於人類具有遠較其他動物發達的大腦。他不斷開展智力，發揮智能，終於開拓出人類獨特的文化，創造出人類特有的文明。人類成了「萬物之靈」。

人類的生命形式演化了。起先人類在「自然生態」中謀求適存，並且其他動物競爭，追求續存。然而開發智力，發揮智能的結果，人類製造工具器物，開發技術工藝，創制記號，使用語言，並且制定種種社會制度和群體規範。人類除了自然生態外，開創出他的「文化生態」。人類在他的文化生態裡演化，創造出他獨特的生命形式。

在人類所開創的文化生態中，上述的三種文化類項的各自不斷深

人開闢，以及三類項間的交互支援和統合調配，在人類的進化史上，開拓出多元多姿的文化內容，以及一個高峰接著一個高峰的文明成就。人類的理性，人類的感情，人類的道德，以及人類的生命價值和人生意義的理想，也不斷地在我們的文化生態中成型，嬗變和再塑。人類開發天賦的潛能，開闢文化，成就文明，塑造出文明的人性。在這個意義下，人性是我們自己塑造的。我們把握自己演化的命運。

上述的三種文化類項構成人類的文化生態的顯著建構，是促進人類演化的驅動力量。

第一類項的文化成果是工具、器物，以及種種機械、機器和機關的發明和使用。人類從演化的早期拿石頭、樹枝等自然物品，略加修整，作為禦敵和其他日常用途以來，幾乎無時無刻不處於這種機械器物的文化裡。人類製作器物和使用器物，並且進一步開發知識，改良器物，進而發明新的器物。這方面的進展開創了人類「物理科學」和「物理科技」的文化傳統。

這個文化傳統雖然起於實用的追求，但是發展起來卻增進了愈走愈深的客觀知識。甚至知識的追求獨自發展，開創造就了新的文化傳統。演變至今，科學的傳統和科技的傳統依然關係緊密，並且經常相互增益。可是，由於兩者發展的內在規律和價值標準不盡相同，因此它們可以各自開發，自求進步。有許多人甚至將這兩種傳統混淆在一起。他們談論科學，事實上主要意指的是科技。他們提倡科學，事實上也大都著眼於科技。

第二類項的文化成就就是人類所創制使用的語言。語言可以由兩個層面來加以觀察。一是記號的創制，二是意義的開發。

人類為了寄託心思和表示情意，發明創制出種種表現內心意思的方法。這些方法包括臉部表情、身體動作、事物的擺放裝飾與編排改

造、聲音、繪畫和文字等等。儘管記號的品種繁多，然而他們全都具
有一種共通的功能，那就是用來表示，表達，表現，表露，表白等等。
讓我們拿「表達」來總括這些相似的功能。記號所表達的，是我們內
心裡的意念、感覺、情懷、思想和想像等等。這些由記號所表達的內
心事物，我們統稱為「意義」。所以，記號和意義兩者是不能分開的。
記號用來表達意義，而且用來表達意義的才算是記號。

　　記號的創制和使用，令人類大大提升了他演化的潛能。我們不但
可以利用記號向鄰近的同類表情達意，藉以完成一些特定的目的。我
們還可以將記號保存傳遞，向後人傳達意念和情懷，造就人類歷史文
化的傳統。尤有甚者，我們更可以利用大家可以比照對應的記號，互
相學習，彼此切磋，耕耘開拓出更細膩、更深刻和更豐富的心意和情
懷，開發出廣大無邊的「意義世界」。人類就是在這樣的意義世界中，
陶冶琢磨，潛移默化，立志自許，提升心境，開創出人生的意義和生
命的價值。我們可以說，人類的道德、意志、感情和理性，都是在記
號體系中和意義世界裡醞釀開創出來的。在這種意義下，人性是記號
的產物。人類自己塑造出自己的人性❶。

　　人類有系統地創制使用記號以及開拓經營意義世界的結果，產生
了語言、文字、繪畫、舞蹈、詩歌、音樂、文藝、藝術和種種論述和
理論；開創出各形各類的「人文科學」的文化傳統。而跟著人文科學
一起開展，有時相激相生，互補互益的，就是種種「人文科技」的開
發和推展。比如那些教人如何陶冶性情，建立品格，深化感情，堅定
意志，釐清思想，建立有效推理，建構合理論述，提升境界，修身養

---

❶　人類通過種種「記號行為」而塑成人性。這論旨可以稱為「記號人性
　　論」。參見作者之《語言與人性──記號人性論闡釋》，第11章〈記號人
　　性論：語言與人性〉。臺灣書店，臺北，1998。

性，安心立命等等的方法、步驟和原理。

值得注意的是，前述的物理科學和物理科技的文化傳統，以及現在所說的人文科學和人文科技的文化傳統，兩者並非完全各自獨立，彼此隔離。比如，研究客觀世界的規律屬於物理科學的範疇，但是為要開發物理科學理論所使用的概念、語言和邏輯卻在人文科學中加以開拓發展。此外，物理科學的理論在物理科學內部經營，可是物理科學的哲學卻在人文科學中加以開發。類似地，物理科技的創造和開發，推廣和傳遞，全都牽涉到語言、概念和邏輯；它的使用更受到人文思想所左右，因此也就無法完全脫離人文科學，甚至人文科技的文化傳統。

第三種文化類項是人類所發展出來的群體組織和社會制度。人類在演化的早期，已經像其他一些動物一樣，知道眾人的協力合作常常有助於大家共同的生存、適存和續存。可是，與其他動物不同的是，除了應付生活上和生存上的必要情境而協力合作之外，人類由於記號和語言系統的發展，以及意義世界的開拓，合力地建造出許許多多的文化建構。比如，群居的組織、家庭的體制、婚姻的制度、法律規章、道德信條、價值取向、風俗習慣、教育建制、經濟操作方式、生產和分配模式，以及政治制度等等。這些社會體制和社會建構不僅加強了人類適存和續存的能力，增進人類生活的富足，而且也促進人類更快速的演化。對於人類而言，個人的生活技能和智慧，以及生命的價值和理想，可以通過社會上的體制和建構而普及推廣，而傳遞繁衍。於是造成廣大雄厚的集體意識、集體智慧和集體意志，將人類的文化推舉到散漫而無組織的個體的力量所無法企及的高度。

人類在這方面的文化發展開創出種種的「社會科學」。比如社會學、經濟學和政治學等等。在實用的層次上，上述的文化傳統的實踐經驗，

以及社會科學的理論開展，也演繹出種種不同的「社會科技」，充當改革社會，促進人類生命形式演化的工具。

　　我們在此不必多加強調，也足以清楚看出這種社會科學和社會科技的文化傳統也不是封閉自立的。它和上述其他兩類文化傳統互動互生，相輔相助，整合起來，構成人類獨特的複合的文化內涵。

　　人類不只在「自然生態」裡演化，他也在自己所創造的「文化生態」裡演化。物理科學和物理科技、人文科學和人文科技，以及社會科學和社會科技，共同作用，互相補益，構成人類演化的文化生態。人類也在這樣的文化生態下，塑造出他的生活方式和生命形式。人類不再只是自然人，他是物理科學和物理科技的人，他是人文科學和人文科技的人，他是社會科學和社會科技的人❷。

　　在這樣的文化生態下，人類演化出一些獨特的品質。其中最值得我們稱道的就是「價值意識」的建立。人類不再只是跟從本能，依順天性。他能樹立價值理想，擇善固執，前仆後繼，改良精進。在逐漸豐盛的人生體驗中，追求人性的莊嚴與尊貴。人類不只計較他的人生，他也關注他的人性。

1. 文化與文明：人類文化發展之崎嶇道路

　　對於人類而言，文化只是生活方式的總體。那是人類為了解決生

---

❷　我們在此所做的「物理科學」、「人文科學」和「社會科學」的區分，約略等於目前人類知識三分，不過卻非完全相等。比如純理數學目前常被當成物理科學，然而依照作者所持的標準，它應屬於人文科學。

　　至於「科技」一詞，現在多用來指稱物理科技。作者主張將這個名詞的外範放大，用來包括人文領域和社會領域所創造出來的技術和「工藝」以及步驟與方法。所以作者提倡使用「人文科技」和「社會科技」之名。

活和增進生存而發展創造的一切成果的總和。文化一方面是過去人類
生活方式的歷史陳跡，它同時又是現在人類生活的機制和模式。文化
不斷地在滋生繁衍，開展遞變；累積成為傳統，破格另創新支。所以，
在一個較大的文化傳統之中，往往存有種種不同的小文化傳統。一個
較大的母文化裡，有時涵藏著異質甚而對立的子文化。人類生活在一
種頗為複雜的文化傳統和文化生態裡。

以往由於交通的不便和地理的隔離，交流不易，溝通困難；加以
閉守排外，敵對抗拒；各個文化傳統容易養成一種保守的性格。儘管
自古以來，人類經由武力經略和通商交往，不同的文化傳統之間，也
有接觸和交往。可是直到近代，文化傳統的內聚力和保守性格依然是
文化景觀上的普遍現象。每一個文化傳統都保留著它的特徵和風格。

在一個文化傳統的各種特徵和風格之中，價值意識以及它所衍生
出來的規範和行為模式是種十分重要的決定力量。很多文化傳統之間
的差異和衝突，往往都可以追溯到彼此之間的價值分歧——不同的價
值觀念、不同的價值標準、不同的價值內涵，以及不同的價值判斷。
這種文化傳統所醞釀出來的價值多元，積累久遠，根深蒂固，成了人
類文化豐富多樣的根基。

價值意識的成長令人類文化的發展不再只是遵循講究實用的單一
導向。有了價值上的取捨選擇之後，人類的個人和集體都可以不再只
是為了生活而生活，或者為了生存而生存。人類演化出比較超凡，比
較崇高的價值理想，充當生活的意義和生命的目標。由此，人類在他
的文化傳統中，開發出他的「文明」內涵❸。人類的文明是在他的文

❸ 我們將「文化」和「文明」二詞用作不同的內涵和指謂。文化泛指人為
創造的一切生活內容和生命形式。文明則專指具有價值取向的文化內
涵。「文化」和「自然」相對，「文明」則與「野蠻」對比。

化基礎上成就的，文化的多源有時也開創出多元多樣的文明。

　　然而人類文明的開展卻非步調輕盈，一帆風順。人類並非天生就是文明的動物。他的天然野性雖然在演化的過程中，不斷接受洗鍊和薰陶，而塑造出文明的人性──包括人類的理性和人類的感情。可是，人類天生的野性雖然可以馴服克制，但卻不容易毀滅根絕。它與人類求生競存的本能俱來，是人性基礎上無法迴避的「弱點」。因此，人性必須不斷開發再塑，人性也必須不斷修養磨鍊。

　　儘管人類開創出價值意識，追求生活的意義和生命的價值。可是，價值的省覺雖能開拓出文明的根基，但卻不一定自動確定文明開展的方向。人類仍然必須刻苦於生存競爭和續存繁衍的問題。加以地域和種族仍然十分隔離，文化傳統不得不保守排外。另外，無論是在物理上，在人文上，或在社會上，科技的開發都沒有趕上相應領域中的思潮和理念的成長。因此，文化的多元產生文明的多元。這常帶出價值的分裂與對立。有時甚至演成野蠻的紛爭與暴行。這樣一來，人類雖然生發人性，開始塑造他的理性和他的感情，也建立了道德，肯定了價值，培養出意志；但是由於現實的需要，由於假想的恐懼，由於地域的隔離，由於族群的親和跟對外群外族的疑懼和排斥，由於無知，由於科技未開等等因素，在人類長遠的演化進程中，我們不時走在文化發展的崎嶇道路之上。有時人類所塑造出來的理性，不是開明的理性而是獨斷的理性；所冶鍊出來的感情，不是平衡的感情而是偏頗的感情；所建立的道德，不是廣含的道德而是狹隘的道德；所奠定的價值，不是遠大的價值而是片面的價值；所培養的意志，不是超凡的意志而是專橫的意志。

　　我們可以想像，在拓展生存空間，在加強續存能力，甚至在自大逞強或其他圖謀吞食的計策之下，人類雜多文化所拓發開展出來的獨

斷理性、偏頗感情、狹隘道德、片面價值和專橫意志，加在一起，匯成狂瀾，演變出許多人間的悲劇，人性的創傷，以及文明的浩劫。人類文化生發出文明的花果，可是許多現實的力量，加上本能的野性，有時卻爆發出反文明的災害和禍亂。這是人類文化崎嶇迂迴之路，也是人類文明中所潛藏的悲劇性格。

雖然如此，可是值得令人引以為慰的是，倘若我們放遠眼光，而不斤斤計較於眼前的文化苦難和文明傷懷的話，我們依然可以見到在人類文化迂迴崎嶇的路途中，文明和人性的開展並未全盤停落，反而分毫尺寸，此積彼累地前進著。試想：當今有誰主張奴隸制度合乎人性，或者酷刑峻罰無損文明？類似的，幾個世紀前有多少人講究地球環保，鼓吹尊重女性和稚幼，注意其他動物的權益？那時候的人類難道沒有一點文明的成就嗎？那時候的人類完全喪失人性嗎？

文明不停地在演化。人性也不斷地處於重新塑造的過程❹。有了這一層瞭解和自覺之後，我們才明白覺知，在什麼意義下，人類是自己的主宰。我們把握著自己的命運。我們塑造著自己的人性。人類擁有絕大的自由。文明人最是自由人。

所以，當我們憂心於文化發展之崎嶇道路時，我們應該積極注目多種文明價值之間的配比發展問題。留意多元文明為什麼有時候演繹成反文明的困局與危機。因為現在我們已經無需多問文明如何由無生有的問題，我們所要極力關心的反而是多元文明間的協調平衡，避免互相排擠，互相爭鬥，互相抵消；避免製造演繹出文明的獨斷，文明的偏頗，文明的狹隘，文明的片面，以及文明的專橫。

---

❹ 基本上這是作者所主張的「人性演化論」的要旨。它假定著「文明演化論」。人性是人類文明的產物，通過人類的文化生態，人類文明指導著人性的改造。

　　讓我們觀察一下發展至這個世紀已經彰明較著的一些文明失調現象，以便討論今後我們所面對的教育困境。

　　只要我們稍加留意，就會意識到二十世紀人類文化所演繹出來的一些顯著特徵。首先我們知道，從人類的認知和智能表現上看，這是一個知識大爆炸的時代。不論是物理科學上的知識，人文科學上的知識，以及社會科學上的知識，全都急速拓展，突飛猛進。人類不僅快速開闢各色各樣，以及各層各面的知識內涵，因此豐富了人類所知的範圍廣度和理解深度；人類更在成就知識的方法上、原理上和理論基礎上，快速地推展到前所未見的高度和細緻。這樣的知性文化的成就建立起人類無比的信心，更塑造出人類高漲的自覺。我們好似走出了無知之門，進入了真知的寶庫。我們不再盲從跟隨權威與傳統。我們要求清晰明確的知識根據。知識的爆炸令二十世紀成了一個對種種權威的束縛要求解放的大時代，也成了對自己的文化傳統的建樹尋求解構的大時代。在這個偏重知識的時代，普遍被解放的不只是社會的權威和政治的權威；急速被解構的包括道德的傳統和價值的傳統。

　　第二，二十世紀也是個偏重科技開發，特別是偏重物理科技開發的時代。現代國家──尤其是一些大國──為了國防與軍備，進行軍事上的深度科技化。這造成了科技界的大動員。科技的不斷開發和應用引來無休無止的比賽和競爭。比賽和競爭的結果挑起更多科技上的開發和應用。如此循環不斷，增強加速。另一方面，同樣重要的是，物理科技給人成功地大量推廣應用到民生之上和生產之途。這更令科技的開展如虎添翼，一飛衝天。在現代的社會裡，幾乎沒有任何一個生活細節和科技不直接間接發生關聯。過去，人類的雙手用來從事生產。現在我們的雙手只用來按鈕弄鍵，操縱科技。科技不僅代替人工從事生產，我們依賴科技提供人生的娛樂，加強生命的享受。我們甚

至期待改善「人工智能」，要科技代替我們思考。更進一步，開發「虛擬真實」，讓科技代替我們想像。人類漸漸演變成為「科技人」——過著科技人生，塑造科技人性。

這裡所指的科技，絕大部份是物理科技，它不包括人文科技，甚至不包括社會科技，幾乎只是清一色的物理科技。這是一個物理科技獨大，物理科技獨受青睞，物理科技獨領風騷的世紀。

過份偏重物理科技的結果，令人類的心智和才思逐漸遠離人文科學和人文科技，甚至也遠離社會科學和社會科技。發展至今，人類養成一種過份依賴甚至無理盲從物理科技的心態，不知積極地從人文的開拓中，精進人生的價值，鞏固人性的道德；並且努力在社會的經營裡，提高文化的目標，加強人類全體生命的理想。我們的文明出現不均而失衡的畸型成長。現在我們不知道，到底是不是人類自己在主宰著物理科技的發展，或者物理科技已經自成生命，主宰著人類的命運？

第三，另一個二十世紀的顯赫文化現象就是工商文化的全面蓬勃和無底深入。

人類為了增益生活，促進生存，發明創制了許多各形各類的科技，包括種種人文科技和社會科技。在種種的社會科技中，有些用來更有效地分配人類的生產成果，更完善地滿足人類的生活需要，促進人類文化的進步。人類從早期的以物易物，以工換工，勞心勞力分配，直到貨幣的發明，商業行為的奠立，金融系統的創制，以及種種財富工具的發明，現在我們已經步入一個高度發展，甚至可以說是過份發展的工商業社會。從致力生產以供生活所需的觀點看，現代社會裡的個人已經甚少能夠「自食其力」，充分滿足生命的需要和生活的要求。就是較小地域或較小的群體也很難做到自給自足的地步。愈是現代人，愈是如此；愈是現代社會，愈加沒有例外。

　　重要的還不只是我們全都活在現代的工商文化之下，過著現代工商社會的生活。更重要的是我們的生活內容和素質似乎不再操在自己的手裡。我們的命運似乎由當今工商社會所開展的工商科技所決定，它主宰著人類將來的生命形式，塑造著未來人性的開展。

　　舉些例子來說，在當今的工商文化的氾濫浸淫之下，人類早已不再為了生活的需要或是生命的要求而消費。工商文化盲目開展的結果，常常脫離人性的理想，製造出違反文明價值的工作模式和行為傾向。試看當今的「消費主義」風氣下的「人造欲望」， 像許多工商廣告所製造出來的商品形象。它遠離了文明和人性的價值理想，空虛地製作出對於「名牌」的追求和欲望。由於名牌的內涵並不自動保證商品內在的品質，所以人們競相追逐的，已經不是商品本身的真實，而是誘人的廣告所烘托出來的假相。這樣的假相往往將真實扭曲變形，在人們的心理上產生以假亂真，甚至以假代真的反應。可是由於這樣的假相欠缺堅實的真實基礎，因此若非不斷加以鞏固加強，容易褪色甚至破滅。不但如此，一種被人「炒熱」的假相，也因缺乏堅實的根據，容易被另一種被炒得更熱的假相所排擠，所取代。於是，搬弄假相的，必須不斷地標新立異，攻佔人們的心理弱點；並且不停地出奇致勝，利用人們理性的空隙和感情的剩餘。今日，我們將人性無條件地交付給工商文化，隨意讓它把人性軟化控制，把人性扭曲變形，把人性誘導利用。久而久之，人性逐漸趨向虛情浮誇的境地。人類文明的理想也將變得虛實難辨，真假堪虞。說來詭異，人類在苦難的時代，曾經立志自許，堅持人性的理想；而今，在豐盛的世紀，卻無力把握文明進取的方向。現在，社會上普遍講究包裝，注重廣告宣傳，專注短期效應。真正的文明建設難見其功，長期的文化發展蒙上一層無法撥開的陰影。

　　本來這是一個講求自覺，講求解放；反抗權威，反抗壓迫的時代。可是我們卻不知不覺地將自己擺放在物理科技和工商文化的誘導和牽引之下，任憑它主宰人類文明的進展方向，任憑它打壓出未來人性的模樣。

　　從文明價值和人性理想的觀點看，人類的文化走在一條崎嶇的道路之上。

2.教育的理念：人生的教育和人性的教育

　　很多比較高等的動物都存在著教育後代的行為。一般的情況是，初生的稚幼在母親或父母的保護之下，逐步學習覓食求生，捕獵圖存的技能，直到能夠自顧自立。接著續存繁衍，一代接著一代。我們可以想像，人類生發的早期，我們的始祖也經歷過類似的教育模式，以保人類的生存，適存和續存。可是，後來人類大大地演化了。人類早已擺脫了這種與生俱來的簡單教育模式，演進成多層次，多面相和多內涵的複雜的教育文化。

　　使用很簡單的話來說，現在人類和其他動物比較起來，最大的不同是，我們已經不再滿足於個體和集體的生存，適存和續存。我們不但追求生活要富足，我們追求生活有意義。我們不僅追求生命有保障，我們追求生命有價值。一言以蔽之，我們追求文明的理想。我們追求人性的價值。我們要活成文明人。我們要活成富有人性的人。

　　因此，當我們談論人類的教育的時候，我們所注目的，不是原始人類的教育。我們所意指的，是文明人的教育。從這個角度上看，當我們開拓人類的教育理念時，我們不只著眼於他的生活教育，我們也要關懷他的文明教育；我們不只著眼於他的人生教育，我們也要關心他的人性教育。

不過，文明的理想和人性的價值全都不是天生自然的產物。反而，人類自從原始以來所具有的野性殘餘和未經馴服的自然本能，可能在文化發展的崎嶇道路上，冒然湧現，造成文明的困境和人性的災難。因此，儘管人類演化至今，文明花果，歷歷在目；人性成就，斑斑可考；可是爾今爾後，人類是否繼續追隨文明的腳步，是否不停地再塑人性的榜樣，這全賴人類的自覺選擇和努力投入。橫在我們面前的是一條人類文化發展的自由之路。人類是自己的主宰。

文明的事雖然不能只靠概念的傳遞而奏效，但卻可以經由陶冶感化而有成。同樣的，人性的事雖然不能製成生理基因而遺傳，但卻可以通過教養孕育而成就。這就是人類教育的功能，當中蘊涵著人類教育的意義。

所以，從理念上看來，人類的教育事業旨在開發人類的潛能，培養文明的價值意識，增進富有人性的生命形式，從而令人類的生活有意義，從而令他的生命有價值。

人類具備著這樣的潛能，這是不待多加求證的事。人類以往業已創造出文明的花果和人性的成就。不過，由於歷史的進展，時代的變遷，以及自然生態和文化生態的更易與嬗遞，人類不管在守成方面或在創新方面全都面臨不同的局面限制和實現可能。我們必須不斷開展智能，增廣知識，並且開發技術，加強解決問題的能力。我們需要發展科學──不只物理科學，還有社會科學，更要人文科學；我們也需要發展科技──不只物理科技，還有社會科技，更要人文科技。在今天這個人類文化滋衍得如此豐盛，可是人類文明成就卻顯得偏頗失衡的時代，我們特別需要提倡各種科學的平衡發展，以及分科之間的交叉互動，以便建立融會貫通，至少不離斷對立的知識。這樣才能妥善建立平衡圓通的心態。至於在技術和解決問題的方法上，我們不但需

要繼續開發物理科技，我們還要努力開發社會科技，我們最要大力提倡並且優先開發人文科技。只有在這些不同科技的互相支援，彼此配合之下，我們才可望在追求文明價值和人性理想的教育事業中，塑造出開明的理性，孕育出平衡的感情，建立起廣含的道德，奠定起遠大的價值，培養出超凡的意志，將人類的生活模式和生命形式逐步釐清，漸進改造，使人類積極有效地遠離歷史遺留下來的無知、獨斷、偏頗、狹隘、片面和專橫。這樣一來，人類的文明品質才能更上層樓。人性的理想也才能更加潔淨無瑕。於是，人類的生活更具文明理想。他的生命也就更加富有人性價值。

只要我們堅持文明的理想，堅持人性的價值，那麼人類教育的目的似乎不辯自明。因此上述的教育理念可以歷久常青。可是人類教育事業的內涵，以及這種事業的成敗功過，卻非完全由教育的理念所決定。當我們明確地決定了教育的理想和目的之後，接著我們還要建立教育體制，採取教育策略，決定教育方法，以便令教育理念落實，促成教育理想的實現。

回想起來，人類在進化的早期，由於全心全力在於追求生存、適存和續存；專心致志於建立競存的生活方式和生命形式；因此，那時教育的理念，以及因此衍生而出的教育體制、教育策略和教育方法等等，全都附帶著天性本能，與生俱來的這種求生逐存的欲望和動力。那時開荒的氣象遠勝於守成的局面，進取的動力壓抑著保守的心思。那時，人類所開拓的文明，從我們今日的標準看來，也許不夠深刻；人類所塑成的人性也許不夠崇高。那時候的人類理性也許多所獨斷而不夠開明，那時候的人類感情也許多所偏頗而不夠平衡，那時候的人類道德也許多所狹隘而不夠廣含，那時候的人類價值也許多所片面而不夠遠大，那時候的人類意志也許多所專橫而不夠超凡；不過人類能

夠慢慢走出野蠻而開始成就文明，漸漸洗刷獸性而塑成人性，這已經
是人類引以為豪，留芳千古的事。人類就在這樣進取開荒的演化進程
中，從專注於帶有天生野性的競存求生的「人生教育」，慢慢轉型提
升到心存文明理想，志在人性價值的「人性教育」❺。

　　當我們心存講究文明理想的人性教育，而不是僅僅著眼於求生競
存的人生教育時，我們的教育事業就不能只是漫無目的地提倡發展人
類潛能，而不考慮人類文化是否步入崎嶇坎坷之途。我們需要關注人
類文明的發展是否走向偏頗，人性的理想是否面臨重重的困局。

　　人類的歷史基本上是人類生發文化那沒了沒完，那繁複多端的總
體歷程。在這樣的進程中，已經建立的文明的理想和人性的價值有時
受到有意的讚擁和肯定，力圖加以支持和維護。不過，已經建立的文
明理想和人性價值，有時也會受到質疑和挑戰，試圖建立新理想和新
價值。當然也有時候人類只管享有文明成果，沒有積極計慮人性價值，
忘記關心人類文化將會走向什麼崎嶇的道路。

　　從文化的蓬勃開展上看，二十世紀是個豐盛的時代——甚至是個
過份豐盛的時代。我們不但享受到人類史無前例的物質文明，滿足了
生活上的感官舒暢，避免了許多生命中的禍害和疾苦；就是在精神方
面，人類也突破了種種古來常見的束縛，經驗到前所未有的自由和解
放。今日知識發達，人類不再給蒙蔽於無知的迷惑之中。加以自覺和
自決的精神高漲，每個人似乎更接近成了自己生命的主宰，享有一份
「個人主義」的尊嚴和信心。我們的生活好像愈來愈享受。我們的生

────────

❺　我們所談論的「人性」是「文明人性」。文明人性總是以發揮文明理想
　　做為塑造人性內涵的價值目標。因此，文明理想和人性價值互為表裡，
　　相起相生。也因此，「文明教育」和「人性教育」兩者，雖然概念相異，
　　但是理想內涵合一。

命好像愈來愈豐富。

可是，另一方面我們也察覺到我們的地球愈來愈污染了。我們所呼吸的空氣愈來愈不清新，我們所飲用的食水愈來愈需加工再製，我們所曝曬的陽光愈來愈有毒有害。不但如此，人類可以利用的能源愈來愈形短缺，訴諸物理科技解決生態問題的辦法愈來愈顯得利弊參半。然而，在享受豐盛之餘，我們好似將自己的前途完全交付物理科技和工商文化的擺佈。我們好像無法自己選擇未來文化發展方向。

檢討起來，我們發現在這個世紀裡，人類愈來愈熱中於外物的追求，同時愈來愈忽略內心的建立。人類投入生命極大部份的時間和精力，去開發，去追求和享受物理科技；他沒有足夠的時間和精力去開發和善用社會科技；至於人文科技，那就更加蕭條不堪。人類似乎愈來愈少用心思去開發和經營人文科技。現在少見人提倡和進行像修養、修身、修練、修行等這類陶冶性情和充實心靈的思考和實務。修身養性和提升生命境界的人文科技逐漸退化荒廢，乏人過問。於是人類慢慢變成外層豐盛而內裡困乏的生命。我們的外力充沛，可是我們的內心無力。

二十世紀的人類並沒有疏於發揮他的知性和智能。我們今天所面對的生命困局主要是因為人類文明的開拓不夠平衡，顧此失彼，甚至厚此薄彼的緣故。這樣看來，如果我們要在下一個世紀裡，力求挽救今日我們文明所呈現的困境，那麼我們應該努力開發社會科技，特別需要大力提倡人文科技。

3.文化開展與教育生態 —— 當今「世界教育生態」

由於記號和語言的創制和運用，人類成了最能將自己的生活技能和生命經驗傳遞給同類的動物品種。在一心一意追求生存，適存和續

存的遠古年代裡，這種技能和經驗的傳遞發生重大的效用，令人類在演化的進程中，快人一步，並且高人一等地進化成為萬物之首，甚至成為萬物之靈。人類這些生活技能和生命經驗經過嘗試選擇，修正加強，推廣流傳之後，具體地表現在文化的傳統之中，就是我們後世所熟悉的科技和科學；包括人文科技、社會科技和物理科技，以及人文科學、社會科學和物理科學。人類從遠古開始不斷以種種教育的方式，保存和傳遞這些科技和科學，並且進一步促進這些科技和科學的推陳出新和創造發明。

　　人類所採用的教育方式繁多，其中包括個人教育和集體教育，直接教育和間接教育，正式教育和非正式教育，言教和身教，知的教育和行的教育，外加教育和自我教育，專業教育和完人教育，家庭教育、學校教育和社會教育等等。不過，儘管人類教育形式的品種繁多，施行要點各異，但是，自從人類生發對於人性的意義自覺和對於生命的價值尋求，繼而開拓文明的理想和人性的價值之後，人類的教育也就成了一種富有文化理想的事。有計劃，有組織，有系統的教育事業不斷接踵而生。現在教育事業成了每一個國家和一個社會培植人才的必要投資。

　　可是，不管從政治，經濟或文化的標準來看，許多國家和社會均非處於同一個發展階段，也非具有完全相同的發展方式，因此，各自基於需要，培養自己的人才。為此，不同的國家和社會常常創造和採用不盡相同的教育系統和教育體制。加以各國家各社會所承襲的文化傳統也各自有異，所面對的發展挑戰又各自不同，因此其教育事業所賴以成長發揮的「教育生態」亦各有特點，相互異同。一般來說，一個國家或社會的教育生態，在很重大的程度上，左右著該國家或該社會的教育品質，因此間接決定了它的國民之基礎程度和一般素養。從

這個角度看，教育生態是人類文化生態中的一個極為重要的項目。人類在它的教育生態中演化。人類的文明理想和人性價值也在他的教育生態中演化。

教育生態所包羅的內容很廣，而且在不同的時代，不同的文化發展形態裡，其內涵和要點也會有所不同。不過，一般來說所謂教育生態廣泛地包括文化傳統、政治體制、經濟情況、社會環境，以及民智程度和一般共識。有時自然景觀、地理條件，以及風土人情也構成教育生態的一部份；甚至各種科學的發展和被接受的程度，以及各類科技的開發和應用的範圍，也都成了教育生態中的重要成素。教育生態中的各種成素的有機配合和靈活運作常為教育事業提供一種鼓舞促成的作用。相反地，當教育生態的各種成素配搭失當或運作不靈的時候，教育事業就容易顯得困苦無奈，左右為難。

比如，中國原來在儒家思想的影響下，向有「尊師重道」和「敬老尚賢」的習俗。這類民風習俗的流傳，原來大大有助於營造教育事業的溫床，令人推崇和尊重教育上的建設工作。可是另一方面，在古老的中國教育傳統下，在理念上，教育的追求和「學優則仕」的欲望聯繫得過分密切；在制度上，教育的價值又和科舉成敗全面掛鉤。加以農業社會尚保守而不求革命創新，重承傳而少講別樹另立；集權政治標榜順應服從而不提倡懷疑批判，鼓勵個人的反省修養而忽視集體的公義與公德。在這樣的傳統風尚之下，其所生發滋長的教育生態比較易於支援那些無需講究大力進取，無需應付急速變化的時代和社會所需求的教育。這樣的教育顯然不足以應付現在的時代和今日的社會的要求。

在構成教育生態的諸多成素當中，政治的因素往往佔據著極為顯著而有力的地位。政治的體制和政治的意識型態經常左右一個社會的

教育事業——特別是它的經營方式和教育內涵。我們常常看到一個專制集權的政治體制總是多方干預其教育作為，規範教育內容，指示教育開展取向。當事態趨於嚴重之時，教育失去自己的文明理想和人性價值，只淪為政治的工具或政治的侍僕。

　　而今我們的世界產生巨大的變化。地區和地區之間來往逐漸頻仍，文化傳統和文化傳統之間交流觀摩日趨廣泛。一種「世界文化」不斷在成形開展，增強擴大，籠罩著整個世界，影響著所有的人類，成了一種「強勢」的文化。許多地區性的固有文化處在這種強勢文化的壓抑之下，尋求變形轉化。這就是我們所目睹的各文化中的「現代化」的現象❻。我們自己的固有文化傳統也正處於這樣的調適和轉型的過程之中。

　　在這個求變適應，追求現代化的世界局勢之下，各個社會競相逐利，開發財富，滿足一般人的生活舒適和生命享受。基本上說，這是一個講究物質豐盛和感覺享樂的時代。社會的生產和建設，工商的活動和交往，一般人的志趣與投入，大都朝著這樣的大目標在勇往直前，甚至不斷加速增強。由於這是當今的世界文化的顯性內涵和驅動力量，影響深遠，傳流廣泛。每一個社會和每一個國家幾乎沒有例外地，全都在追求高科技（主要是物理科技）、高經濟效益、高市場開拓和佔有率。這樣一來，全世界各地方的教育事業全都為了因應這個世界文化趨勢，產生根本而重大的變化。支持而承託著教育事業的文化生態——教育生態，也產生廣泛而深入的轉型。

---

❻　從內涵上看來，「世界文化」的許多顯性因子都源自西方，因此常有被等同為「西方文化」的現象。這類認識有時接著引起不同的心理聯結和情緒反應。也因此，「世界化」（國際化）、「現代化」和「西化」等概念有時混淆不清，彼此拖泥帶水。

在這種世界文化的興風作浪之下，各地區各社會的教育生態，也在追求功效和利益的競賽中，再接再厲你仿我效地「世界化」起來了。各地方原來與各自的傳統文化相繫聯接的傳統教育生態，也大幅度地被當今那頗為齊一，頗為強勢的「世界教育生態」所擠壓，所掩蓋，所破壞。今天，世界各地容有不同的教育制度和教育政治，但是論及社會對教育的需求和寄望，以及社會對教育的支持和維護，甚至論及一般可見可行的教育生態，則各地的情況分別不顯，大同小異。這是世界文化強勢的開展下，所衍生而出的強勢的世界教育生態。這是當今世界各個傳統文化尋求現代化所帶來的一個明顯可見的後果。

分析起來，當今的世界教育生態突顯著幾個重要的特徵。第一，「全人教育」或「完人教育」的觀念逐漸淡化，甚至完全消失。代之而起的是「技術的教育」或「操作的教育」。 基本上，人類的智能集中在如何開發資源，創造財富，形成豐盛和享受人生。在當今的世界文化裡，人類追求的豐盛往往只是局限在物質方面的豐盛，他們所寄望的享受常常也只是停留在官能感覺的享受。第二，「精神教育」或「心靈教育」飄浮無著，甚至凋殘殆盡。當社會上一味崇尚物質開發，不斷沉溺於感官享受的時候，精神建設乏人問津，心靈開發欠缺支持擁護的力量。於是像感情的事、道德的事，以及其他文明價值的事，全都給人拿來權宜處理，功利從事。甚至聽憑孤立無援，自生自滅。第三，「知識教育」不斷地傾向世俗化和功利化，甚至走向商業化。沒有實際應用價值——不能用來開發物質，增進享受的，乏人追求。現在我們愈來愈遠離為知識而知識的追求心態，不再深究知識的系統性和廣含性，不再熱心於將求知和提升自己的心境與胸懷關聯在一起。博學的理想消失，專精化和技術化的趨向成了今日為學致知的大方向。第四，教育技術化和知識商業化的結果，直接導致「教育市場化」和

「學校商店化」。　我們逐漸拋離視教育事業為千古大計的理念，走向急功近利，短期速成，甚至「一本萬利」，「不勞而獲」的作業方向。我們開始不談「百年樹人」的理念和寄許，一心追求短期速成的交差。最後我們只好避重就輕，選擇容易成功見效的知識技術層面；甚至本末倒置，避免觸發深層的人性，只計慮膚淺表面的人生。我們由兼顧「人性的教育」走回專司「人生的教育」的回頭路上。我們的文明教育的廣度大大收窄局限了。第五，教育技術化和教育市場化的結果，急速地導致「教育專業化」。　教育的事業成了教育上的專業人士的職務。教育工作成了專業性的工作。現代社會充滿各種專業。教育成了一種專業後，也和其他專業一樣，進行「現代化」的管理和運作，包括講究效率，競爭求存，甚至修飾外表，包裝宣傳。這樣的教育專業化的結果，有時也產生教育事業的孤立無助。教育專業者必須設法自行保衛和「自力救濟」。　教育事業由「神聖的工作」慢慢變成一般通俗的專業。它慢慢缺少整個社會上上下下，群策群力的支持和肯定。今日我們的家庭教育和社會教育顯得乏力式微，這與教育的專業化具有密切的因果關聯。第六，在當今講究民主政治的風尚下，由於黨派和利益團體之間的競爭和衝突，許多社會事務都容易給人加以「政治化」。教育事業在走向市場化、商業化和專業化之後，很容易導致「教育的政治化」。　政治化的結果令教育事業更受制於黨派利益和其他的社會權勢。表面工作和短程效果愈來愈成為駕御教育事業的驅策力量。教育事業的長程目標漸漸乏人照料。教育的事不再是千秋百世的事。教育的工作不再是百年樹人的工作。

　　簡單地說，在當今這種現代世界的教育生態之下，教育事業愈來愈難以接濟「人性之所需」，它只能滿足「人生之所求」；它愈來愈無以照顧「文明價值之呼籲」，它只能應付「當下局勢之要求」。這是我

們當今的教育事業的處境。

4.完人教育的回歸──如何走出「唯認知」的教育困局

　　文化上的事宜從大處著眼，小處著手。教育的事是人類文化上的大事，我們最應由大局著眼，觀看今日的困局，然後才能知所回身轉向，並且進一步在細節小事上改弦更張。

　　從總體上來看，今後人類教育改革的主要著力點在於朝向完人教育或全人教育的回歸轉向。我們需要重新釐清完人教育的理念，強調完人教育的新時代意義，構想完人教育的現代內涵，並且進一步制定完人教育的施行方針和教學策略。

　　為了朝著完人教育的宗旨轉向回歸，首先我們必須打破目前我們浸淫其中的「唯認知」的教育心態──認為教育只在於傳遞知識，尤其在於傳遞那些可以促進開發物理科技的知識技術。

　　檢討起來，這個世紀那「唯知識是尚」的教育風氣之形成，是多因多緣的。精進知識，以利開發物理科技；促進物質發展，增強國力，改善民生；造就生活豐盛，提高感官機能享受；爭取個人自由，打破傳統權威；避免時代與地域偏見，建立世界共通標準；抽離感情色彩，專注理性規範；減少政治風險，專注技術正確；去除玄理紛爭，力求事實演證；消除文化衝突，尋求交流分享。凡此種種，因因由由，在在都直接或間接地助長了「認知主義」的氣焰。在這樣的時代大流之中，教育生態上的唯認知的教育取向，也就變得順理成章，甚至難以迴避。在這樣的時代風尚和教育生態下，我們所著重的自然是知識上的專業教育和知識上的技術教育──而且大家爭先恐後，你追我逐地朝著這個方向專精化，深入化和系統化。現在，我們的教育宗旨不再

強調養成一個個完全、完整或完美的人才。對比之下，我們現在所著力的是訓練一個個專門的知識技術人員。傳統上，專科技術教育是一般教育之餘的特別教育。現在，我們反其道而行。我們將所有的教育全都推向技術教育的方向。這個世紀我們所進行的可以說是種「知識技術教育」，而且幾乎清一色地只有這種教育。

　　我們沒有進行完人教育久矣。現在我們要重新提倡，那是一項反風尚，反潮流的教育運動。在推行這項運動之時，我們必須對自己，對他人，對社會，對世界發出嚴正的呼籲，陳明重新開發荒廢已久的完人教育的重要性。對於當今這個講究自覺的時代，我們應該倡議世人進行反思，考察完人教育的合理性、必要性，甚至急迫性。我們需要努力喚醒世人，合力推行教育改革，改造我們的教育生態。

　　本來知識的追求和開發並不自動帶來人性的困境。相反地，人類所知愈廣博，所識愈深入，愈能澄清眼界，開闊心胸，發展開明理性，避免獨斷和狹隘。同樣的，致知實用，拓展物理科技，本來對於滋長人類生命形式，提高人性生活內涵也具有重大的積極的貢獻。因此，知識和知識技術本身，全都不是導致本世紀的文化困境和教育生態偏頗匱乏的原因。不過，知識雖然無過無辜，但是如果人類因為倚重知識而忽視其他，則容易造成文化發展的偏頗；若是因為熱中知識技術——特別是知識技術所開發出來的物理科技，而輕視其他，甚至排斥其他，那麼人性的發展就容易失衡，文明的內涵也因此容易偏向狹隘。這正是我們目前的處境。我們處於「認知主義」的文明失衡狀態之中。

　　不說別的，我們的價值文化並沒有隨著知識文化長足進展。現代人的情意文化徬徨無主。現代人的道德文化百孔千瘡。現代人在物質豐盛，感官暢快之餘，欠缺一種優美崇高的生命品質。

　　為了彌補這類久疏照顧的「非認知」的生命樣態，使其重新開展；

為了促進這類危情日深的文明內涵的再建復興，我們需要喚起世人的深切反思，尋根究底地走進問題的本源。大家認真思索反省到底人生有何意義，生命有何價值？我們這一代到底要開創什麼樣的生命形式，我們要留待子子孫孫繼續發揚什麼樣的生命形式？即使我們自動放棄，選擇無後，我們也要設想到底要為其他沒有放棄的人，保留什麼樣的生活環境，開闢什麼樣的文化生態呢？我們投身在一個講究自知自覺的時代，我們要努力鼓吹不要醉生夢死，我們要大力宣揚要自知自覺地活。

從這個層次開始去端正時弊，挽救文化生態，重建教育生態，我們所走的是一條比較基本，也比較抽象的道路。那需要思想，需要概念，甚至需要理論。照理，思想家、哲學家、教育家和政治家都應該身先士卒，努力倡導，提醒世人全面思索，深入反省。可是，回顧一下我們這個時代的思想家、哲學家、教育家和政治家，他們有沒有認真善盡他們的職份？他們有沒有充分履行他們的義務呢？

表面上看來，這個層次的問題是些比較抽象性、比較概念性，以及比較理論化的問題。然而，這類的問題絕非一些與一般常人完全隔離絕緣的問題。認知主義突飛猛進的結果，最後孕育開展出「物理科技至上，物質享受第一」的文化導向。在這個導向的衝刺之下，現在我們的世界變成什麼模樣？我們的生命又呈現出怎樣的情狀？

物理科技的大力開發，物質豐盛的不停作用，如今問題叢生，難關重重。現在我們的自然生態環境百孔千瘡；天空、河川、土地到處污染。我們的社會謀利鑽營而不顧道義，現實逞私而無視人情。邪術罪惡無止無境，人心人性百受威脅。長此以往，無需思想家，無需哲學家，就算一般匹夫匹婦也開始體會到這樣的社會問題、文化問題和人生問題。我們現在所急需的只是構想解難救急的辦法，並且努力加

以推廣實施。有系統而自覺地從事這類工作就成了思想家、哲學家、教育家和政治家的天職。

從教育的觀點看，為了走出唯認知的教育困局，我們不能只是在當今的知識教育之外，平行並進地再加上價值教育、感情教育和道德教育等等，一起實施，靜觀其效。這樣做是不會有所成效的。原因在於目前知識教育已經早就走入歧途。今日形式的知識教育不但盤踞著整個教育的內涵，它的方法也支使著整個教育的方法。因此，如果這種情況不變，引進價值教育轉眼變成「價值知識的教育」。同樣地，感情教育變成「感情知識的教育」。道德教育變成「道德知識的教育」。我們所成就的將又是分門別類的知識，不是價值，不是感情，不是道德。這樣的教育也將不可能是種完人教育。

為了要在當今這個時代超脫唯認知的教育困局，首先在知識教育本身也需另闢門徑，改弦更張。我們不能一味附和今日我們尋求知識，處理知識和傳授知識的方法和心態。特別是在知識的傳授和知識的教育上，我們應該注重平衡和全面，而不宜只是關注實用和功利。我們需要重新考慮怎樣通過知識教育來平衡事物見解，加深人性洞識，養成開明的理性。這樣知識的教育才能和價值、感情和道德的教育建立起親和相容，甚至互補共長的關係。這樣，教育的實踐才能有助於培育完整平衡而開明優美的人品，不像現在只能造就支離破碎的知識技術人員，製造唯利唯用的物理科技的偏頗人性。

簡言之，我們必須努力將知識的教育開展成為文明的教育以及人性的教育，而不能聽憑它一味淪落成為技術人生的教育。為要開發知識教育的文明面和人性面，我們顯然不能片斷離碎為之，也不能光是功利致用行事。教育有它的人性理想的價值，不只有它的人生實用的功能。

　　為了開展新的知識教育,使它成為一種文明的教育和人性的教育,首先我們要打破在教育上過早過急的知識分流,將知識的教育砍斷分支,破碎從事。這種分別的,局部的和片面的知識教育,推而廣之,深而入之以後,勢必造就破碎的識野和偏頗的理性。我們都感受到今日是個知識爆炸的時代。在這樣的時代裡,如果任由分科分流的趨勢推展深化下去,那麼我們可以預見,人類的識野將愈演愈破碎,人類的理性也將愈演愈偏頗。當知識的興起處於爆炸的局面,我們就更應該講究眾多知識分科之間的整合,以及知識教育的平衡發展。

　　要能令分科知識的整合見功奏效,要能將平衡的知識教育開展得有條有理,我們不能只將眾多的分科知識並行並列,一起傳授。這樣做,不但不切實際,難以推行;而且事倍功半,成功的機會渺茫。我們應該注重闡釋知識的原理,分析知識的方法,探求知識的起源和發展歷程,甚至進一步說明人類追求知識的心志、情懷,以及所歷盡的艱辛。這樣的知識教育才能夠開展出它的人性面和文明面,而不只停留在它的技術面和實用面。它的推行因此才能銜接於價值教育、感情教育和道德教育。所以,提倡完人教育,在今日的情境之下,首先就得改革目前的知識教育。新時代的完人教育不是在現存的知識教育上,外加價值教育,外加感情教育,外加道德教育。這又演成破碎分散的教育。新時代的完人教育旨在開展人性教育和文明教育,內中含有知識教育,內中含有價值教育,內中含有感情教育,內中含有道德教育。

5.教學文化的開拓——身教的開展和生命的榜樣

　　確定了人類教育的宗旨在於完人教育,確定了完人教育的精義在於推展人性教育和文明教育之後,接著我們就需考慮如何著手推行和怎樣才能落實收效的問題。我們已經說過,在當今的人類文化生態下,

在現在的教育生態之中，推行完人教育並不是一件順水行舟的暢快之事，而是一件反潮流的艱難革新之舉。

在現存的生態下，長久以來我們習慣於將我們的心思和情意投注到外在的世界上。我們講求如何開發物理科技，如何製造物質豐盛，如何累聚金錢財富，如何促進生產效率，如何建立外在的行為規範，如何建立指導工作的制度，如何將成效功績加以表面化，數量化或圖表化等等；甚至等而下之，如何製造公關形象，如何粉飾包裝，如何廣告宣傳等等。相對來說，我們就甚少注意心靈內在的開拓。我們甚少講究如何令自己的價值崇高超越，如何令自己的感情深刻優美，如何令自己的道德純潔高尚；我們甚少發問，如何令自己和他人的人生有意義，如何令自己和他人的生命有價值。

因此，為了推行人性的以及文明的完人教育，我們必須鼓吹由外而內，由行為的規範到內心的自決，由他求他律到自許自律的回歸轉向。人類固然可以在外在的監察督導之下，學習做出一些無害他人，甚至有益人性的事。可是，更可貴的是，人類能夠孕育價值自覺，培養感情自許，發揮道德自律，在沒人監察，沒人強迫之下，也能顧及他人，心存人性與文明。完人教育的目的就在於培植建立這樣的個人的內在品質。

在推行這種內在品質的完人教育時，我們不能只是出諸言辭，動以說教。這樣做不但無濟於事，有時反而衍生出正好相反的效應。事實上這正是我們這個時代知識之外的教育大失特敗的主要原因。所以，在推行完人教育時，我們除了使用以理服人的教育方式而外，更應該積極開拓另類的教育方式：努力發揮以心傳心，以情感情，以德涵德的交感互動的教育模態。這是建立人類的內在品質最直接最有效的方式。

　　顯然地，在這樣的交感互動的教育模式裡，我們除了要勤於言教之外，更要注重講究身教——而且勤於言教也構成認真身教的一部份。言教往往止於建立知識，而不能進而開展價值，涵養感情和塑造道德。只有實實在在的身教才能直接有效地引發這類的內在品質。

　　推行身教含有一種最重要的積極教育意義。身教不像言教一樣，它不只是在認知上指出人性建設和文明建設的必要性和可能性。它透過生活上的實踐，活生生地呈現出一個個文明人性的內在品質的成例。身教的方式為我們提供一個個可以直接就地供人模仿，供人學習，供人效法的生命的榜樣——不僅在價值教育上如此，在感情教育上如此，在道德教育上如此，就是在知識教育上也是如此。

　　所以在當今之世，為了推動完人教育，我們應該致力開拓一種交感互動的教學文化：提倡人生的身教，鼓吹生命的榜樣。這樣的教學文化起先也許要在學校的環境裡醞釀締造，由一批批有志、有識、有情、有心的教員開拓經營。可是，接著我們就應該努力將這種文化推廣，推廣到社會上的每一層次。這個世界不能只是專業教員在那兒孤立地倡導身教，無援無助地提供生命的榜樣。天下的父母都應該勵行身教，都應該充當生命的榜樣。不但如此，思想家、哲學家和政治家也應該義不容辭，積極投入，從中協助，共同參與。這樣，假以時日，我們可望促進教育生態的改變，結合家庭教育、學校教育和社會教育的力量，全面推行完人教育，為新世紀的人性品質和文明理想做出實質的貢獻。

1997年7月24日

大學通識教育：理想‧內涵及問題
—— 以香港中文大學的經驗為例

0. 前言

　　現代所謂的大學通識教育，其本質乏晰而不明確。所謂通識教育，未曾有過共有而又獨有的特徵。到底通識教育具有甚麼特質，至今未有定論。事實上，通識教育並沒有甚麼實相或本質可以加以界定。

　　無論大學通識教育的內部是否一貫，它並不是一個單一的系統。我們應該把它視為（或發展成為）一個結構謹慎，執行靈活的多元教育系統。舉例來說，大學通識教育可以是大學、社群、國家以至一個文化的教育理想；可以是一種教學措施，提供相關課程與學術活動以擴闊學生的視野；可以是一個以培育大學生的心靈或人格為目標的文化取向；可以是一種對於大學教育的哲學構想；可以是一項提倡某些理想甚或抗衡現行教育系統的社會運動；也可以是一個具有特定內容和目標的課程；甚或可以是一系列以通識教育為名而推行的課程組合等等。以上各例，全都大可統稱為通識教育，而不失其一致性和恰當性。其實，當我們嘗試把這些不同的例子歸類為通識教育時，我們所得到的只是一個模糊的印象。我們對通識教育也只能作出如此乏晰的界定。

　　總而言之，我們不能以亞里士多德式的「實質界說」來界定大學通識教育。由於大學通識教育並沒有本質可言，我們永遠無法指出它是由那些一成不變的元素所組成。而且，我們歸入大學通識教育範圍

裡的各個項目，也並不屬於哲學上所謂的「自然種屬」(natural kind)。

因此，我們不打算為通識教育進行實質界說。讓我們用另外的一種方法來討論這個問題：我們不假定大學通識教育必得具有某些形式與內容；反之，我們假定不同的大學所推行的通識教育可以是各不相同的。大學各有不同：每所大學處於不同的社會和文化背景，它們具有各自的辦學目標、教學方針和個別優點，也面對著不同的限制。它們的學系、學生人數、行政架構，以至價值標準都不盡相同，學術水準更是高下不一。相比之下，大學通識教育的情況也就更形複雜：它可以啟發心靈、開拓知識，卻也可能桎梏思想、阻礙求知。因此，探討通識教育的可行方法之一就是參考現有的例子，找出其中可取的特徵，加以說明。然後，我們可以選出最出色的一些例子做為模範，加以仿傚，設計出自己的通識教育課程。這是我們參考芝加哥大學、哈佛大學和東京大學等等成例的緣故，也是我們將要提及的卡耐基報告 (The Carnegie Report, 1977) 與美國大專工作小組報告 (The American Colleges Task Group Report, 1988)的基本精神。

在本文中，作者希望以自己這二十多年來在香港中文大學的教學與行政經驗為例子，討論大學通識教育的性質、理想及功能，並在課程設計、推行與行政各方面提出一些看法與意見。

1.大學通識教育的內涵與性質

去年是香港中文大學創校三十週年校慶。在這三十年裡，它經歷了好些改變。首先，它由原來以崇基學院、新亞書院和聯合書院為基礎的聯邦制結構改成一個統一的行政系統。各學系本來隸屬於不同的書院，也合併納入大學架構而成為系務會 (Board of Studies)（但各單位的位置可能仍舊分散於各個書院）。此外，在1991年，當時香港的

另一所早已由四年制改成三年制的大學——香港大學——建議改回四年制的方案，不獲「大學及理工撥款委員會」及香港政府的支持，接著香港中文大學也需要把原來四年的學位制（學位論文考試則於幾年前已經取消）改成三年的彈性學分制。

為要因應這些重要的轉變，加上隨之而來的連鎖效應，我們的通識教育課程曾經作出連番修訂，新制度與舊制度也需要同時並行。在過去二十年當中，大學通識教育經歷過不下四次的重要變動，就是在作者擔任通識教育主任這八年間，我們一直同時施行兩套全然不同的課程：舊制續為舊生而設，新制專為新生而立。

兩套課程無論在內容上或者在形式上都各有不同。但是，它們所包含的通識教育的內涵或性質，又是否必然地各不相干呢？

這幾年來，雖然我們的大學通識教育課程曾經在結構上和內容上作出極大的改動，但是，通識教育辦公室（原名通識教育主任辦公室）一直致力保持通識教育的基本精神和特質，貫徹始終。

試比較下面兩個同時並行（至1994/95學年止）的課程結構：

「舊」課程（幾年以前還是新的）

甲、大學課程（＊表示必修範圍）：

　＊範圍一　邏輯思考與定量技巧

　＊範圍二　中國文明

　　範圍三　其他文明

　　範圍四　電子計算學

　　範圍五　藝術與人文

　　範圍六　自然科學與醫學

　　範圍七　社會科學與管理學

乙、書院課程（各書院要求各異）

「新」課程（可能在三、四年後又成為舊課程，因為目前又在談論1998年後把全港大學改為四年制）

甲、大學課程（＊表示必修範圍）：

＊範圍一　中國文化

範圍二　分科課程

範圍三　跨科課程

乙、書院課程（各書院要求各異）

表面上看，新舊課程結構迥異。但是，它們同樣具有始終如一的通識教育的功能與精神：擴闊學生視野及提高學生各方面的學習興趣。為此，我們不得不採取一些複雜的執行措施與行政手段。比如說，在舊課程中，為了保證學生真能擴闊視野，同屬一間書院的不同學院(faculties)的學生得修讀不同的課程組合。而不同的書院可以指定同一學院的學生必修不同的課程組合。除此之外，我們還要顧及個別學生更改主修、副修以至轉換書院的情況。這是多麼複雜的一件工作啊！不過，在新課程中，這些措施便不再合用了：因為新課程只有三個範圍，不過合共卻有超過一百一十個科目之多（每年為了取代舊課或為課程增添內容，新的科目更加陸續添加開設）。於是書院再難以對學生做出以往的硬性規定。幸好，我們已採用一個新的課程編碼系統，把各個科目加以分類。今後學生如果修讀太相似的或太多同一類別的科目，我們都會瞭如指掌。這樣一來，我們既可以為學生提供更多選擇，也可以維持一貫擴闊學生視野的宗旨。

以上所說，或許容易給人一個錯誤的印象：在大學不斷發展更新的同時，大學通識教育的內涵與性質似乎不曾（或不容）有變。接下來，讓我們反省一下這個問題。

2.通識教育的理想與功能

在1949年與1956年間（約在香港中文大學成立之前十年），崇基學院、新亞書院及聯合書院各自獨立地相繼成立。其中，有為從中國大陸來港的青年提供學習機會的，也有為在中國大陸政權易手後繼續完成其辦學夢想的。例如，崇基學院在1951年成立，旨在繼承中國基督教大學的傳統。新亞書院在1949年成立，志在宏揚傳統的中國文化。聯合書院是由五間規模較小的專科院校所組成的，成立於1956年，目的是為本地學生提供優質大專教育（在1990年成立的逸夫書院是香港中文大學的第四間成員書院）。

那時候，每間書院皆有其獨特的辦學理想和宗旨。以崇基學院為例，由於它是一間基督教書院，自然而然地基督教倫理便成為其早期發展的通識教育的骨幹。至於新亞書院，無容置疑地當以發揚中國傳統文化價值為其通識教育的基本信念。在三間書院合併為大學以前，每間書院皆抱有不同的教育理想、辦學宗旨及基本價值；這些信念在它們合併以後成為互相影響，互相推動的原動力，形成香港中文大學今天的面貌。

就以崇基學院為例。它在加入中文大學之前已經開辦以道德與宗教內容為主的通識教育課程。當然，那時的規模尚小，並未以通識教育為名（新亞書院與聯合書院亦然）。崇基學院一方面開設以其辦學理想和宗旨為憑據的正規課程，如專為新生而設、備有專用教本的「人生哲學」；另一方面，它還舉辦一系列的校園活動，讓學生清楚理解，並深切體會崇基學院的辦學宗旨。如每星期在崇基教堂舉行的星期五週會，讓學生與教職員有機會聚首，一同祈禱、分享、溝通和學習。當時，星期五週會的地位與它所發揮的作用，與正規課程相比，不遑

多讓。由於以前書院的規模較小，這種校園活動的效果，較之現在的正規教學模式（如學分制和考試制），可謂有過之而無不及。事實上，崇基學院所推行的非正規的通識教育，的確有助提升學生的歸屬感和書院精神，使它在五、六〇年代成為一間獨具個性的基督教書院。

對於具有清楚明確的教育理想和任務的崇基學院而言，通識教育的內涵與性質不難界定。大學通識教育包含某些價值取向（不一定只指狹義的宗教或道德取向）：它既非自然生成，其走向也非由市場決定。一個成功的大學通識教育課程，必然隱含某種對高等教育的哲學主張或道德立場。它的動力源自人類的理性與感性，以及我們對人性的期望。

缺乏遠見和使命感的大學通識教育是淺陋單薄而不足取的。目前正有一股通識教育的潮流，令很多大學對開辦通識教育課程趨之若鶩。可是，若把課程辦成虛有其表，毫無內涵；那麼，從教育的觀點看，反倒不如不辦。

在六〇年代，崇基學院的通識教育出現過重大的進展。一位出身基督教家庭的年輕學者，隨著他那加入崇基圖書館任職的妻子，成了崇基學院的一份子，並作出了一生的貢獻。他就是現在行將退休的沈宣仁先生。那時候，他剛獲得芝加哥大學的神學博士學位。經過仔細思量，沈宣仁倡議並帶頭建立了一個嶄新的課程，名為「綜合基本課程」(Integrative Basic Studies)。它成了崇基書院以後發展通識教育的藍本。這個創新的課程的基本結構如下：

甲、必修科目

專為一年級新生而設：

①大學修學指導

②思想方法

專為四年級準畢業生而設：

③專題研討

乙、選修科目

以文理博雅(liberal arts)課程為主，包括藝術、人文、社會科學及自然科學等。

這個課程其中一個出色之處是：它強調跨科學習。所有必修課程皆以小組形式進行，每個小組由不同學系的學生和導師組成。課程的另一優點是它為準畢業生所設的專題研討：每個學生需要與其他來自不同學系的同學組成研究小組，對某些社會事件或學術論爭加以探討，作出報告，引發討論，並把結論寫成論文。

課程推出以後廣獲好評。它不只不囿於狹義的通識教育，更能開展出對應現代文化的教育方向。綜合基本課程推出後，其他成員書院以至校外的院校爭相仿傚。沈宣仁的名字更無時無刻與綜合基本課程連在一起。他對於大學通識教育的貢獻，是我們永遠不能忘懷的。

從以上崇基學院的例子可以清楚看到，一間書院的辦學理想與宗旨決定了其通識教育的結構和內容。缺乏一套教育哲學做為基礎的大學通識教育是盲目的。罔顧人性價值的大學通識教育更是以權宜是務的誤人之計。

3.通識教育的施行

以上我們已經嘗試以例證和闡釋的方法，指出大學通識教育並沒有本質可言。它的內涵取決於我們怎樣把它建立與開展。至於怎樣建立與開展，那就視乎我們具有怎樣的一套教育哲學。為要了解通識教育的理想和功能，必須對人性的教育加以深思。為此，我們接下來談談通識教育的施行問題。

　　根據方法學上的多元主義，通識教育並非只能有一種正確的施行方法。不過，這不排除有一些方法，比起另外一些方法，能夠提供更有效的管理和更完善的組織。

　　讓我們再以中文大學的經驗為例。香港中文大學自1963年成立以來，一直提供四年制的榮譽學位課程。學生除了所屬的主修學系之外，在大二或大三時可選報一個副修學系。原來的升級制度是這樣的：學生在大二的學期末，需要參加「中期考試」(intermediate examination)，考試合格才能正式升讀大三。在餘下兩年，學生還需要通過論文考試，方能畢業。論文考試共有七份考卷，五份為主修科目，兩份為副修科目。大學主要根據學生的考試成績頒授學位。學位等級分為甲級榮譽、乙等一級榮譽、乙等二級榮譽、丙等榮譽及推薦合格。不過，學生除了修讀與論文考試有關的科目之外，還得完成其他課程，如大一中文、大一英文、各種選修科目、體育，以及通識教育課程。學生在學業上承受很大的壓力。這只能歸咎於當時施行英式論文制與美式學分制的混合學制所致。這制度曾經導致很多不必要的困難，其高度複雜性就是其中之一。大學通識教育因而難以自由發展。

　　後來，大學對這個制度曾屢次加以修訂。例如，中期考試在很久以前已經廢除，學位試也在1986年予以取消，但榮譽學位制則仍然保留。1991年，在眾多師生的反對聲中，中文大學被迫由四年制改成三年制。這個改動，不但縮短學生的學習時間，更使大學通識教育難以生存。其實，大學四改三的爭議已經持續了十年以上，每次發難，通識教育都首當其衝地受到威脅。

　　我們要面對的困難，還不只以上這些由學制帶來的問題。我們曾經歷過大小不同的困境和難題，部份可能對其他大專院校具有參考價值。現在，就讓我們舉出其中一些例子加以討論。

⑴如果教學單位不屬書院所管轄，它們所提供的通識教育課程還能夠幫助提升書院精神，促進書院的辦學理想嗎？

八年前，基於經濟原則和行政需要，我們嘗試把各個書院的力量集中，建立一個統一的大學通識教育課程。那時不只一間書院曾經提出質疑。此舉並非無理。有些人擔心一旦各書院的通識教育課程統一施行，不但其精神難復舊觀，其素質也會大不如前。因此，我們讓書院保留某些促進通識教育的原動力。

結果我們建立了一個課程上的母子系統：在六個大學通識科目中，最多可有兩個是由書院（現已增至四所）自行開設的。大學通識教育辦公室一直與四所成員書院合作愉快。這種做法可說是「一校多制」。不過，我們容許多少制度同時存在，才算合理，才算令人滿意？固然制度不能無限制地增加，但是我們不也可以把這樣的一種多元性視為大學通識教育的精神之一嗎？

⑵只有四年制的大學結構才能確保通識教育得以成功施行嗎？

以往，我們開辦通識教育課程給每一個年級的學生修讀。學生在其四年的大學生涯中，每年都有機會修讀通識教育的課程。自從「四改三」的建議提出後，有人認為通識教育課程將因此而刪減，甚或遭到清除。就連香港大學當年（1988年）打算引入通識教育的時候，也建議在其原有的三年制外另加一年作為「基礎年」。 到底四年制為甚麼這樣吸引人？我們或者說，四年總比三年好。學生能夠修讀的科目也多了。但是，北京清華大學某些科系的五年制不是更可取嗎？其實，我們大可建立不同模式的制度，也一樣可以奏效：基礎年是其一，還有如畢業年、夾心年、雙數年、單數年等等，皆可加以考慮。

⑶讓我們再談談大學通識教育的形式。通識教育的推行，可否不以正規的通識教育課程為媒介呢？比如，每個學系都給發展成其所提

供的課程，無論在設計上以及教學上皆以通識教育為其目標之一。還是，我們寧可見到通識教育的課程淪為專門知識的「炒雜燴」？ 我們是否志在為學生提供學習機會?或者我們還要保證他們的學習成果呢?

⑷有些人大力提倡在大學設立通識教育學系，專門負責教授通識科目。問題是：開辦通識教育課程，就等於履行通識教育的承諾、實踐通識教育的理想嗎？ 我們期望把通識教育發展成一門專科嗎（姑且當這說法並不自相矛盾）？ 在中文大學，我們一直堅拒為了提高通識教育的自主權而犧牲了通識教育的本義。通識教育是一個教育上的「公共領域」(public domain)：每個人皆有權參與教與學的工作；每個人也都有責任把這工作做好。

⑸我們如何保證課程素質？ 優質的通識教育有些甚麼特徵呢?

我們當然不希望大學通識教育淪為二三流的課程。為了保持通識教育的教學素質及學術水平，我們不但需要區別正規與非正規的通識教育，還要把以知識為基礎的通識教育跟以價值為依據的通識教育區分開來。困難是，這界定既難以說明，又容易產生誤導。我們就讓不明朗的因素成為想像的動力，讓學生從未知中學習，從推測裡獲益。

另外，我們認為教學和研究的方法遠比所教所學的題材來得重要。不論題材是甚麼，教師都有責任提高學生對於方法學的警覺。語言教學就是一個好例子。在通識教育課程裡，語言教學的目標遠不只改進學生的語文技巧。更重要的是讓學生提高對語言的自覺。為此，我們開辦「思考與寫作」（分別以漢語和英語為媒介）課程，務求令學生瞭解創制記號與記號所指在某一特定文化中的關係。這可說是一個記號學課程。事實上，以記號學的角度來說，人類感性與人類理性同樣重要：它們共同塑成了人性。但是，人性正不斷地演化，我們需要培養廣博的心靈來思考價值與知識帶來的種種問題。

(6)大學通識教育常常跟一些辭彙連繫在一起。例如「全人」、「均衡」、「自由開放」、「博雅教育」、「文明人」、「跨科合作」和「科際整合」等等。我們得發問：這些概念是否指謂同類的對象？比如說，我們用它們來指涉個人、大學生、課程目標、通識教育的性質或一撮相關課程？同樣地，當我們提及「整合」，我們想要整合些甚麼？是個別科目的內容，所有科目的內容，還是整個課程？還有，誰該負責整合的工作？甚麼時候才最恰當？是教師？在課堂還是在備課時呢？是學生？在學習時還是在畢業之後呢？("commencement"一詞在美國既指畢業，也指開始。)當然，通識教育可以是具備整合性但卻非完全整合的。即是說，我們可以以跨科整合為大方向。因為如果教師的整合傾向太強，很容易誤導學生的眼界，干擾他們的識見。這做法實與通識教育的理想背道而馳。類比地說，一個課程可以跨科而不整合。我們應該細想：假設知識的整合是可行的，這項工作有甚麼優點和缺點？統合各種知識是人類一直以來的夢想。近世的邏輯實證主義者提議把各門科學統一就是一例。可是，他們的嘗試已經失敗。其實，現在並沒有（也可能永遠不會有）一種共同的語言可以處理所有的知識問題。對於價值問題，我們就更束手無策了。

(7)我們應該怎樣制訂發展通識教育的指引，以及評核通識教育素質的機制？

對於通識教育的性質，我們似乎寧取一種齊一或類似的看法，而放棄差異與多元。可是，我們都知道，本質主義是一套沒有活力的哲學主張。而且，促使一門學術專科進步的往往不是劃一的思想，而是不一的意見。通識教育的發展，何嘗不是如此呢？最好的方法，可能就是誠實的多元主義和同情的容忍主義。

最後，讓我作出一些解釋與釐清。首先，當我們談及香港中文大

學的通識教育時，我們只著眼於大學通識教育課程。我們沒有把副修、語文（不論中文或英文、補救或改善）課程、體育課程以至選修科目包括在內。其次，現今我們的大學通識教育課程共分三個範圍。其中一個範圍（「中國文化」）是必修的。可是，我們並沒有任何一個科目是必修的（書院科目例外）。因為，我們相信差異與多元是有益的。

　　總結而言，讓我們提醒自己：大學通識教育，就如其他大學課程（如語言課程）一樣，可以以不同的方式來施行。我們既可以補救現況為目的，也可以改善素質為旨標。此中界限雖然乏晰，我們卻可以逐步提升素質，但求盡善盡美。正如這篇文章所一再強調的，我們要達成目標，要改善素質，要促進價值，實在可以嘗試種種不同（雖然高下不一）的方法。

英文版本1994年6月27日

伍美蓮譯

參考資料

1. Bien, Darl D., et al. *The Core Curriculum 1987–1988*, University of Denver, 1987.

2. Carnegie Foundation. "Report of the Carnegie Studies on the Curriculum in Higher Education in the U.S.," 1977.

3. Fulton, John, et al. "Report of the Fulton Commission," February 1963.

4. _____ "Report of the Fulton Commission," March 1976.

5. Ho, H. H.（何秀煌）"Some Preliminary Thoughts and Partial Suggestions on General Education at the Chinese University of Hong Kong"（〈對於中文大學之「通才教育」的一些初步構想與部份建議〉）, 1982 (Unpublished).

6. _____ "Reflections on IBS (Integrative Basic Studies) at Chung Chi College," 1973 (Unpublished).

7. Katz, Joseph, et al. *A New Vitality in General Education*, Report of Task Group on General Ducation, Association of American Colleges, 1988.

8. Kerr, Clark. *The Centrality of General Education*, General Education Conference Report, Chung Chi College, The Chinese University of Hong Kong, Hong Kong: The Local Printing Press, Ltd., 1982.

9. Ng, Lun Ngai-ha, et al. *Quest for Excellence*（《邁進中的大學》）, The Chinese University Press, 1993.

10.Shen, Philip. "Implementation of General Education: Structures, Principles, and Problems," *Chung Chi Bulletin*, no. 56 (June 1974): pp. 9–16, The Chinese University Publication Office.

11._____ *Calendar 1984–85*, The Chinese University of Hong Kong, 1984.

12._____ *Calendar 1986–87*, The Chinese University of Hong Kong, 1986.

13._____ *Calendar 1991–92*, The Chinese University of Hong Kong, 1991.

14. University of Hong Kong Printing Office. *The Case for a Foundation Year*, University of Hong Kong, 1988.

15._____ 〈基礎年方案〉（中譯本），香港大學，1988。

16.Yu, Ying-shih, et al. "Report of Working Group on Educational Policy and University Structure," July 1975.

大學通識教育：功能‧範疇與種類

0. 大學通識教育的性質

如果我們認為「通識教育」中「通識」二字並非缺義多餘，那麼在我們心目中一定有些教育項目不屬於通識教育的範圍。要理解甚麼是「通識」教育，我們不妨先了解屬於通識教育的範圍以外的究竟是種怎樣的教育，或者說有甚麼教育算不上是通識教育。

以大學的情況來說，這個問題看來似乎不難解答。我們或許可以這樣從容回答：在大學正規課程裡的「專科」教育，也就是每一個大學生都必修的主修科目，並不屬於通識教育的範圍。不過，這樣的答案把通識教育的理念理解得太模糊，也太籠統。首先，如果我們這樣理解通識教育，那麼任何一門非主修科目，比如說，副修和選修科目，都成了一門通識科目。而且，「通識」教育與「專科」教育的界限也會變得模糊不清。試想想，一旦學系把原來由一系列結構緊密的專門科目組成的課程，改造成為容許學生有較多選課自由的多元課程，並把課程的重點由專科轉移至跨科（甚或多科）的觀點和方法的學習；那麼，他們也可以說所辦的就是通識教育。但是，那實際上只算是包涵範圍較廣的專科教育。在精神上，它仍然不能算是通識教育。

通識教育必須蘊涵某種並非與「專門性」對比的通達性。在中國傳統中，嚴格意義下的「通才教育」中的「通」隱含一種獨特的通達性。問題是：這種「通」（或說通達性）具有甚麼功能？

我們也許可以做這樣的哲理性的回答：教育家應當關心人性的發展和培育。我們不希望大學生成為狡黠的怪魔或技術熟練的野獸，我們期望他們具有通達而且平衡的才質。可是，這樣說下去，問題將變得更具爭議性和更催人深思。我們也許很難舉出例子，說明狡黠的怪魔或技術熟練的野獸不能一起「快樂地」、友善地和健康地過著和平的生活。或者有人會說：起碼他們可以互相容忍，互不侵犯。但是，無論如何，我們必須進行更深入的哲學討論，去明瞭人類從心靈深處發出的意義問題和所面對的價值問題。只是，這些探究不一定是解決問題的最佳方法。

因此，讓我們作出以下的假設：通達性的確能夠促進人性的發展和為人類帶來幸福。我們也不排斥一個具有通才的人同時是個出色的專家，只看他能否有效地把兩者結合，並從中取得平衡。單從一個實用的角度而言，具備通才（或全才）已是種優勢。我們現在身處於一個資訊爆炸的時代：各種資料、訊息、消息以至知識，不論可信與否、可靠與否，皆川流不息地湧現。同時，我們也信賴並非常擁護民主，認為它總比獨斷手段（諸如獨裁統治）來得可靠。可是，民主制度能夠成功，實有賴於一群有智有識的社會成員——那些能夠在浩瀚如汪洋的資訊網中明察秋毫，明辨是非，作出明智抉擇的市民大眾。其中，獨立思考是不可缺少的能力。具有通才的人在這些方面的能力似乎比較優勝。這也許就是我們熱中於通識教育的理由：廣義地說，通識教育正在不同的層次上——從幼兒教育、小學、中學、大專，以至整個人生的學習上——發揮作用！事實上，我們應該把通識教育看成包含了不同類型的教育途徑和各式各樣在教學上的創新與改革的教育。它並沒有涇渭分明的界限和明晰可辨的範疇❶。

---

❶ 參見作者於1994年1月27至29日參加臺灣國立清華大學主辦之「大學通

經過一輪解說，以下讓我們對一般的大學通識教育和東亞區的大學通識教育分別加以討論。

1.大學通識教育的功能——因地制宜

每一所大學都有著其獨特的文化和歷史使命作為它存在和發展的條件。就以現在通識教育已廣為流行的美國為例：早期的美國大學皆以培養出色的年輕傳教士為己任。如果我們留心察看過往中國的西化「現代」大學的歷史（其中最出色的多由基督教會創辦），便可得知它們在中國的現代化過程中所抱持的一項重要使命：把學生栽培成為具備經世和濟人的能力的人才。在以上所舉的兩個例子當中，我們可以清楚看見大學教育的其中一項重要目的就是為社會或國家（甚至整個世界）培養領袖人才，這顯出全人教育或通識教育的必要。因此，早期美國大學曾將宗教教育與道德教育納入必修課程之內。而中國大學則常以「中學為體，西學為用」作為辦學的主要目標之一。在大學裡求學的學生，無論男女，我們皆望之成為中國現代化（甚至西化）過程裡的棟樑。所以那時候的大學通識教育通常也就是公民教育或愛國教育。這點在日本侵華的陰影下尤為重要。

說到這裡，讓我們先交代一下當時的大學所處的環境。那時候，中國的大學生對於大學當局如何制訂其教育措施（如通識教育課程綱要）具有一定的（無論是間接的或是直接的）影響力。五四運動是一

識教育國際會議」時所發表之論文："University General Education: Ideals, Contents and Problems, with special reference to the experience at the Chinese University of Hong Kong."中譯本見於《通識教育季刊》，臺灣，1995年3月。另一中譯本收入本文集：〈大學通識教育：理想‧內涵及問題——以香港中文大學的經驗為例〉。

個很明顯的例子。這場運動不僅左右了當時一些有名望的大學的行政
人員的看法，它更改變了很多大學教員的想法和做法：教甚麼，怎麼
教，抱持甚麼學術立場去教等等；這種影響才是至為重要而深遠的。
至於美國，在六〇年代後期，大學校園裡充斥著各種各樣有關越戰和
人權的言論。大學課程的一般要求，包括通識教育在內，成了學生嚴
厲痛擊的對象❷。大學當局和教員漸漸發現，要為通識教育辯護，不
但比專科課程困難，還更可能被捲入各種政治、意識型態、哲學，甚
或財政的糾紛之中。

　　從以上所見可知，大學通識教育並非只得一種；其具體內容常常
由某所大學的辦學使命，以至學生需要而訂定。只要能因地制宜，通
識教育大可以不同的方式和面貌出現於不同的校園裡。

　　那麼，在現代的歷史和文化處境之中，我們自己的大學通識教育
又具有甚麼功能呢？

　　我想我們先得發問：究竟現在東亞地區的國家對於自己的文化傳
統是否已經具有足夠的信心？（比如說，我們樂意讓本土文化紮根成
長嗎？）還是我們尚在以現代化為名，「西化」為實的過程當中？又或
者我們正在兩者之間掙扎？當然，每個國家的情況皆不盡相同。臺灣
與中國大陸的處境即大為不同，香港的狀況也跟日本、南韓以及其他
東亞地區有所不同。

　　其次，在我們各自的處境裡，國家主義（它不只是一種文化愛國
主義）是否已成為決定大學教育的設計與管理的其中一個元素？我們
很容易想像，如果國家主義在東亞地區是一主流思想的話，通識教育
將以很不一樣的形式出現。

---

❷　例子見於 Clark Kerr, *The Centrality of General Education*, a conference
　　report, Chung Chi College, The Chinese University of Hong Kong, 1982.

　　其實，通識教育的功能還取決於其他的社會因素，諸如經濟發展、政治架構、人民教育程度等等。不過，我們不打算逐一考察這些因素。讓我們另闢蹊徑，以香港中文大學的通識教育為例，說明大學通識教育具體情況下的各種功能。

　　香港中文大學的學生手冊裡寫道：「通識教育課程旨在推行均衡教育，以擴展學生之視野，培養其抽象與綜合思考之能力，使其在瞬息變化之現代社會中，能內省外顧，高瞻遠矚。」為了迎接現代社會的挑戰，我們在通識教育課程裡加入了一項獨特的元素，並且還在努力開發中；這就是以通識教育為目標的跨科課程。在1991年，我們把通識教育的課程加以改革，力圖把課程結構盡量簡化。現在，我們的大學通識教育課程由原來的七個範圍減成三個：⑴中國文化；⑵分科課程；⑶跨科課程。總共提供了一百五十多個課程讓學生選修。另外，四間成員書院也額外提供一至兩個書院課程給學生修讀。

　　自中文大學成立以來，大學當局的教育政策一直以一種雙文化和雙語文的理念為基礎：中西文化同樣受到重視之餘，中文與英文也同時是教與學的工具語言。事實上，這三十年來，無論通識教育課程曾經作出怎樣的修訂，我們仍然堅持中西並進的學習方針，務使學生對於傳統中國文化與現代西方知識發展同樣熟識。只是，現時西方的理論、方法學以至其學術成見正席捲整個東亞區的學術界，以致學生易於忽略其他為學之道，例如中國人的傳統與學統。因此，我們把「中國文化」列作必修範圍（學生仍然可在必修範圍內選讀自己喜歡的科目）。至於其他兩個範圍的課程，學生可以隨意選修，而無需兼顧其他選課規限。

　　早在幾十年前，只有少數精英分子才能享受大專教育。現在，大學教育已經大大地普及化。跟隨這些改變，通識教育的功能也有所調

整，以應付來自不同階層的學生的需要和多元文化的發展。透過這些措施，我們希望培養學生成為有見有識之士，在畢業後能踏上成功的事業之路。

2.大學通識教育的範疇與種類：以香港中文大學為例

每所大學皆有其獨特的辦學使命和文化背景，也面對不同的學生和社會需要。因此，每所大學都具有其特色，使其理想目標或管理方法有別於其他大學。

香港中文大學是一所辦學出色的學府，很多學系皆已在國際學術界享負盛名。這正是培植現代優質通識教育的好地方：一些學系對於開拓知識的新領域不遺餘力，我們在設計課程時便可因利成便，就地取材。這些學系的教員就是任教起通識課程來也同樣盡力，使我們的課程內容生色不少。由此可見，愈多學系能夠參與設計並負責教授通識教育課程，讓內容愈加豐富，範圍愈加擴大，那麼，通識教育的成功機會便愈大。

不過，通識教育所得學分只佔總學分的很小部份（在中文大學，它約佔總學分的七至八分之一），所獲分配的教學時間相應地也較短促，使學生難於投入學習。為了應付這個難題，我們或會有意把課程設計得結構緊密，使每個學分能充分利用，不致白白浪費。可是，這種做法卻可能與一些重要的教育理念背道而馳。

在規模較小的大學（或學院），由於學系架構比較簡單，要建立一個結構完整、配合完備的通識教育課程不太困難，只要將通識課程附加於原有的專科課程之上就行。但是，在一間歷史悠久，學系眾多，規模龐大的學府裡面，並行發展的眾多課程的良好配合，可能更足以滿足不同學生的學習興趣與需要。那麼，一個結構緊密的通識課程便

不太恰當。

　　另一個反對的理由是：一個較為靈活的結構可以避免出現校方「欽點」通識科目的情況。大學通識教育是種大學教育，理應是種開明的教育，而不是變相的校方喉舌。如果通識教育的課程能夠作多元化發展，則課程組合與科目選擇得以擴闊，學生的學習與思想空間也得以開展。我們一直盡力避免使通識教育的課程僵化，為的就是使它不致成為一個封閉的填鴨式的教育系統。

　　為此，我們對每個通識課程的內容和教學方法作出檢討。此外，我們每年也會加入新的科目，一為豐富課程內容，二為減少每班的學生人數，使之更便於處理（這起碼使教學有所改善）。當然，還有另一個引入新課程的理由，就是替代另外某些舊有的、不再切合當前需要的科目。

　　一如人類其他的探索領域，學術界也有它的潮流，各種主張興衰不斷。為了免於獨裁，不致變成人云亦云，我們一向堅持學生的選課自由，並致力維持一個靈活而有效能的管理架構。

　　從另一個實用的觀點看，多元化的課程設計比起只提供少量課程選擇有利（這對專科教育來說未必成立）。就如中文大學這種大規模的院校，學生人數眾多，他們共同學習、一起生活（寄宿生尤然），很多機會聚集一起思考各種的問題，分享各自的關懷。自然而然，選修不同通識課程的學生或會一起討論他們的筆記，交流意見和新知。某些學生在課堂上學不到的東西可從與其他同學的閒談、討論和對辯中獲得。因此，提供更多通識課程讓學生選修，實際上也令學生有機會擁有更廣闊的學習基礎。

　　除了內容之外，我們也關注學術立場與研究方法的問題。大學校園裡充斥著各種相斥互謬的想法和做法。我們相信這樣的環境可讓學

生面對更多的挑戰與反思，把他們訓練成為成熟健康的知識份子。

根據以上的討論，我們可以進一步探討問題的核心：如何界定理想的課程範圍以及如何從各種不同的通識教育方案中作出最恰當的選擇。

我們要成功地推行通識教育，所設計的課程便必須與各門學術專科互相配合。第一步是說服各個學系承認通識教育的重要，使他們成為具有通才教育思想的專家。我們曾經談及，在中文大學，很多學系都參與設計，並選派教員教授通識科目。由下學年開始，大學的財政措施將會進行改革，相信屆時更多學系樂意為通識教育提供更新更好的課程。另外一個有利於發展通識教育的因素是，中文大學早在二十年前已經建立起一套「規矩」，防止學系開設過多類同的課程。現在，每個學系都有一個主修學分所佔總學分的上限，以確保學生有足夠空間去修讀主修課程以外的科目，通識教育當然也包括在內。

中文大學的另一特色是它的四間成員書院。每個本科學生都有其所屬書院。每間書院負責主辦自己的學術活動以刺激學生的思考，引發討論。可見整所大學皆在合力推行種種非形式的通識（通才）教育。我們的大學通識教育能夠在這樣的環境底下開展，就更能事半功倍了。

每所大學思考通識教育的緣由都不盡相同。教育可以是種致善途徑，也可以是種補救的方法。現代的通識教育尤然。在一所每個學系都關切學生的「全人」發展的大學，通識教育的目標不難達致。但是，如果每個學系皆只著眼於專業和技術的培訓，通識教育無疑難上加難。事實上，世界上並沒有哪所大學站在這兩個極端之上；每所大學都處於它們之間的位置：有些大學的信念較接近通才教育，另外有些大學卻較傾向專科教育。這令通識教育的設計與管理更富挑戰，也更具趣

味：它每每需要我們細心省察、大膽嘗試。

英文版本1995年3月12日

伍美蓮譯

傳統的「通識」和通識的「傳統」
——論中國的通才教育和西方的通識教育

0.「通才」或「通識」?

　　如果只將語言想成純粹約定俗成的社會建制，如果我們用字遣詞時，只需考慮當前普遍的用法而不計較歷史沿革和文化變遷；那麼，把目前施行於大學裡的某種非專科教育稱為「通才教育」或「通識教育」都無甚緊要，因為那只是文字上的差異。大家使用不同的名詞，但卻想要用以指稱同樣的事物。

　　然而問題並沒有這麼直截了當。語言文字的事，一方面透過目前的用法牽纏著我們當前的感情和思想；可是，另一方面也由於其發衍流傳的過程，關聯著過往人們（或人們過往）的感情和思想。而且，我們都生活在歷史文化的傳統和變革之間，不論是通過個人自己的追憶和尋求，或是基於社會集體意識的佈置和感染，歷史過往的感情和思想通過語言文字的衍發和流傳，在不同層次上和在不同程度裡，導引激發我們當前的感情和思想。我們無法獨立於我們語言的現在，我們無法獨立於我們語言的過去，我們無法獨立於我們語言的將來。

　　就以「通才」和「通識」為例。前者是遠較古舊的詞語，後者卻是晚近新增的名稱。「通才」也許令人聯想起「通人」；可是「通識」就不知是否和「通鑑」接近。十幾年前，當「通識教育」這一新詞開始在香港和臺灣出現而流行之時，並不是沒有人想起原有的舊語「通才教育」；而且時至今日，仍然有人寧可採用舊稱而不跟用新詞。這

代表什麼呢？只是興之所至的個人喜好？只是一時一地的標新立異？

問題好像不是這麼簡單。不採取原有的「通才教育」而重新創制另一名稱，至少有兩種原因。第一，新創「通識教育」充當英文「一般教育」(general education)的中文對等名稱。儘管英文的「一般」具有「普遍」和「普及」二義，然而稱之為「一般教育」，乍然聽來，似又失去了大學教育的某些高遠的理想，因此在大學的環境裡，還是以「通識」取名為宜。第二，也許更重要的原因不在於此。經過二十世紀那「重知識」，甚至「只重知識」或「只講究知識」的風潮之後（此種潮流可名之為「認知主義」或「認知至上主義」），我們對教育，特別是對大學教育，已經採取一種退縮防守的態度，我們只從事有「客觀性」，有「效益性」的知識和技能教育，不再放眼生命品質，高談道德理想。在這種心態下，「通才教育」顯然標榜超份，陳義過高；因為「通」雖然含有「一般」和「穿透」之義，但「才」顯然直指才學、才華、才具、才能、才幹、才情、才氣等等，至少需要不離「人才」的教養。反觀「通識教育」就顯得平穩無華得多。「識」往高處解，固然指稱才識、膽識、見識等，但也可以拉落平地，退而求其次，只指學識、知識，甚或常識。因此，通識教育可以只求一般常識的「教育」，以別於專門知識的教育。想來，「營養學分」的概念大概和上述心態以及因此派生的教學行為具有密切的關係。

倘若以上的分析沒錯的話，我們顯然要格外小心。因為並不是在所有的情況下，我們都可以將通識教育直稱「通才教育」；事實上，在大多數的個案裡，通才教育壓扁變質後，成了「通識教育」。如果是這樣的話，我們就得費神深思這個「正名」的事了。

1.教育・大學教育和通才教育

　　教育不只是個人的事，教育不只是家庭的事，教育不只是社會的事，不只是國家的事。進一步看，教育也是文化的事，教育更是文明的事。假如我們再深一層設想，教育最是全人（類）的事，教育正是人性的事。

　　試想，如果我們不往高遠處看，不知著眼於人性的成全和進化，那麼我們要怎樣從事個人的教育？如果我們不是心存開拓文化、增益文明，我們又能怎樣從事個人的教育？如果我們沒有寄望社會進步、家國興隆，我們從何入手從事個人的教育？就算是推落到個人的層次，採取個人主義的角度來觀看，我們也要追問：為什麼要教？為什麼要育？教養一個人，其價值何在；成就一個人，它的意義在哪裡？

　　教育就是一種充滿價值理想和意義意識的事業。人類其他的事業，諸如政治的事業、經濟的事業、娛樂休閒的事業、服務救濟的事業以及其他種種社會公共事業，全都不應違背教育的人性理想和意義，不應違背教育的文化文明的理想和意義。不但如此，在理想的情況下，人類其他的事業不但在消極上不應與教育的理想和意義背道而馳；更應該在積極上配合教育的事業，幫助開展教育事業所指望的文明理想，促進教育事業所追求的人性意義。

　　在這個意義下，我們可以說：理想的教育是增益文明的事業，真正的教育是促進人性的教育。當然，文明是人類自己的創造發明，人性是人類自己努力開發的成果（作者主張「人性演化論」），所以，我們也可以反過來說，增進文明的事業才是教育事業，促進人性的事業才是教育事業（否則可能只是訓練，只是灌輸，只是「打造」，甚至只是「漂染」，只是洗腦）。

　　著眼文明，存心人性，這令我們的教育工作產生目標，也令我們的教育工作注重方法。

　　從目標方面看，人類教育的種種層次和種種階段全都是一貫不駁並且不斷加強和加深的。從幼嬰（甚至更早期）、稚幼、小學、中學、大學、大學之後，以及之後之後的終身社會教育和自我教育，全都以成全一個個文明人為深切考慮，全都以教養一個個富有人性的人為最高鵠的。

　　可是人類的自然生態、社會生態、文化生態和政治生態等等都在不斷更新變化之中。不說別的，今日我們所處的政治制度、經濟結構、生產方式、知識分類、技術型態，以及生活環境等等，全都與古代舊時渾然有別，甚至大異其趣。加以人類文明的準則不斷在變遷演進，人性（理性和感性）的內涵不停在塑成整形；因此，不同的時代，不同的地域，不同的種種生態和處境，全都可能呈現出緩急不一，大小不同，深淺有別的教育問題。另一方面，人生的各階段的教育任務和加強重點，也會因為種種因素的變化，而呈現出不同的面貌。

　　就以大學教育為例來說，假若我們單從靜態的編排來看，它是繼稚幼、小學、中學之後的高等教育。可是這樣的高等教育要怎樣推行，它的內容如何，著重點在何處等等這類的問題並非只從「文明教育」、「人性教育」加上「高等教育」諸概念的綜合對照下，就可以直接推論出來。每一間大學可能都不同或不盡相同——不同的政治生態，不同的經濟生態，以及不同的學術生態等等，它們各自決定自己的任務，去完成共同參與大學教育的使命。

　　因此，從目標上看彼此等同齊一的文明教育和人性教育，一經落實到一所所大學各自的處境下，就演成編制上、內容上，以及推行方法上的種種差異；演成具體可察覺的獨特性。

　　假定我們將所要進行的教育事業簡稱為「完人教育」—— 我們要教養一個個發揚人性的文明人。可是自稚幼到中學全都在推行完人教育，那麼大學階段的完人教育到底具備什麼特色呢？它的施行方法如何？它的階段使命怎樣？

　　從演化的觀點看 —— 從文明演化和人性演化的觀點看，人類一方面需要在已有的文化傳統和文明成就上把握已知的方法，善用前人的經驗，以便立足生根，繁衍拓展，進而繼往開來。不過開來不是只為繼往，開來需要對過往的深思和反省，甚至批判與懷疑。大學的階段使命主要在此：教養一個個有知、有識、有情、有志；能明辨，知是非，尚開創，善發明的高等教育下的知識份子。這是大學在完人教育理想下的階段使命。

　　目前，這種階段使命能夠順利完成嗎？現在各大學是否具備各種有利的生態環境，足以完成這樣的使命？假定目前大學教育走入逆境，身陷困局，這只是大學自身孤立的難關？或者我們的中學已經出了問題，甚至我們的小學（或更早的階段）已經出了問題？此外，我們的時代有沒有出問題？我們的文化有沒有出問題？我們的社會有沒有出問題？

　　可是這不正是大學教育下的知識份子所要關心的事嗎？挽世艱救時弊不正是知識份子心嚮往之的天職嗎？

　　我們需要這類的大學教育，我們需要這樣的高等教育下的知識份子。也許這樣的教育逐漸受人忽視，也許這類的知識份子漸漸隱形不見，於是大家努力思索，努力討論，努力在推行大學的通才教育。

2.傳統中國教育 —— 通才教育

　　在中國不得已地接受西方的思想和制度之前，自己已經有過漫長

的文化開拓和文明演進的經驗。其中對於教育，尤其是我們在此討論的人性教育和文明教育（兩者息息相關）， 更是日久有功地演進出一種頗為明顯的傳統。這個傳統基本上是方法形式上的多元，但卻在理想和目的上一貫。簡言之，我們可以將這種教育的主旨廣義地標定為一種「完人教育」， 一種「成德成聖」的教育；一種由格、致到正、誠，到修、齊，到治、平的一貫教育；一種「內聖外王」的全面教育；是一種教養「通人」， 注重「博古通今」和「通情達理」的教育。這種教育理念和理想顯然放眼人性的開展（比如「明德新民」）── 雖然不會擁贊「人性演化論」；顯然心存文明的進步 ── 儘管不時以中國自己的文化價值為中心。這樣的教育顯然合乎我們心目中的通才教育的理想（至少部份理想）。這樣的教育顯然是一種通才教育。

所以，通才教育在中國的傳統中絕對不是一件新鮮的事。傳統的中國教育就是一種通才教育。

可是傳統中國的通才教育走在哪種特殊的道路上呢？ 它在什麼樣的各種生態環境中開展？ 它走進了什麼樣的困境和難關？ 為什麼到了十九世紀中葉之後，尤其是鴉片戰爭之後，中國的傳統教育江河日下，甚至病重難返。經過鴉片戰爭的震撼，太平天國的從根造反（反儒），洋務運動的開放，以至戊戌政變的掙扎，到了辛亥革命的「民主」宣示，而後五四，而後抗日，而後內戰，而後我們的今日。我們的教育理念和教育制度逐步西化。其間即使有過富有傳統中國教育「風采」的「德智體美」的提倡（蔡元培）， 有過恢復讀經的努力，有過「恢復固有文化」的運動，但是全都變作浮光掠影，全都成了表面現象。我們真的全盤西化了，我們的教育特別如此（其他諸如政治與政術則西化步伐緩慢得多）。 一直到晚近，一直到「文化研究」和「文化批評」之風吹起，一直到「本土化」的運動展開，我們才又反思回省，

才又翻土尋根，才又重新計慮我們教育的基礎和走向。

論及傳統的中國教育，有幾個問題也許需要我們多加深思和探討。

第一，傳統的中國文化並不藐視技藝之事（現在我們名之為「科技」），否則中國不會有那麼多的健身法、養生術、醫藥秘方，當然更不會有三大發明，以及天文、地理和「算經」的出現。可是哲理思想的定於儒學一尊，加以此一思想的政治化，另技藝之事在無法統御於儒學之下時；不能（或不敢勇於）自己尋索深層的思想依據和理論基礎。儒學勤於修己知人，但卻不努力去知「天」知「神」和知「鬼」。技藝被壓抑在純粹實用的層次，甚至有被打成「淫技」之嫌的情況下，系統而深入的研究也就不易出現。科學思想的萌芽往往起於技藝之事，甚至起於對這些技藝之事「玩物」而不「喪志」地挖掘尋求。儒學的傳統並不鼓勵這個方向的思考和追求。因此，論及格物致知，直到宋代還有程朱、陸王之辯，結果並沒有改變中國教育的方向。即使到了明末清初批判理學，而提倡「實學」（顏元：「救弊之道在實學」主張培養經世致用之才。顧炎武：「君子之為學也，以明道也，以救世也」），主要也是因為理學將儒學引入一個空泛的極端而起，不是真正見到經世致用之術的背後，也可以有一大套學術內涵可以深入研究。基本上，像黃、顧、王、顏仍然在儒學一尊的傳統之下，他們所明的「道」，依舊是儒學之道，正好像「大學之道在……止於至善」的「善」，仍舊是儒學之善。

我們可以這麼設想：假定中國的文化傳統不是一種定於儒學一尊的傳統，假定中國文化能夠保持某種程度的「百家爭鳴」，像春秋戰國時期一樣，那麼在墨家思想的激盪之下，我們可能開展出抽象的邏輯思考，建立起科學和科技的文化。

知識和道德不一定互相抵觸，不一定無法並存──如果兩者在文

化傳統的形成的早期並肩發展，交叉開拓的話。

第二，由上面所說的，推而廣之，就接觸到文化體制和文明價值的「多元主義」的問題。多元主義（尤其是價值的多元主義）有它本身的哲學難題（一元主義也有它不同的哲學難題）， 我們在此暫時置之不論。不過，在實際的運作上，長期的百家爭鳴容易引起更深入的比較和論辯，產生更細密更周全的思考。另一方面，這樣的思考的結果，除了養成人類更成熟的見識和更遠大的見解之外，還在實際的言行舉止和處世應對上，培養更多同情瞭解的胸懷和兼容並蓄的氣量，最終陶冶出民主的精神。

中國的傳統文化雖然講究「忠恕」，提倡「兼愛」，但是如果無法接納多元主義，最終還是淪為自我中心（當然，等到自信消失，自我不保，接著就是進退失據，前路艱辛）。

所以，中國傳統文化並非不足以教養出品質崇高的「通人」或「完人」。只是因為中國文化定於一尊，傾向封閉。不採多元，注重絕對。有利獨裁，無助民主。在這樣的傳統之下，教育即使有崇高的人性理想和文明導向，也不容易培育出真正既「內聖」又「外王」的通才。傳統中國的知識份子──傳統中國教育培養出來的讀書人，為什麼總多在人性悲劇中扮演出文明英雄的角色。這點實在值得我們深思。

我們自古就有一種通才教育的理想，但是我們的種種生態環境把這種教育理想引入一種悲劇的困局之中。我們現在有一個首要的急務：怎樣令我們的文化復生，令我們的教育迴避這種困局。

3.現代西方的「通識教育」──以美國為範例的現代中國通識教育發展

西方的教育也有它長遠的歷史背景和文化傳統。各國自己建立的

教育體制和教學內容也因時因地而有變化。就以目前我們所關心的（大學）通才教育來說，美國大學的教育情況顯然最值得我們參考借鑑。

簡言之，雖然早期的美國大學多有培養傳教士的任務，但是由於開國伊始，進取風盛，因此神職教育也不只以宗教教學、《聖經》解讀（詮釋）以及道德哲學為能事。加以國家強大有賴民主，社會建設需要各方人才和各行知識，於是多學科的平衡教育開始在早期美國大學裡生根。這種包羅文科，又兼含理科的教學內容，發展出後來所謂的「文理教育」。

經過兩百多年的發展，目前美國大學教育的景觀完全不同，既多元又具有共同精神；講究專業但卻出現形形色色的「通識教育」（一般教育）。

現在除了有些繼續標榜原來的文理教育理想的小大學──有些是著名的「文理書院」，其他絕大多數的大學一方面在本科生中推行自由選課，延遲選系及自由更動主修學科的制度，另一方面可能推出共同選修或指定選修的課程，充當推行通識教育的內容主幹。

在六〇年代中葉之前，這類的通識教育除了文理學科交會的理想外，特別注重（西方）文化的源流和發展，有的甚至擴而大之，包含現代的種種社會科學（人類學、心理學、經濟學等等），一起充當通識教育的內容支柱。

這樣的通識教育導向有沒有政治上的意識型態呢？它有沒有文化傳統上的偏見呢？

六〇年代美國許多大學都捲入「反越戰」和「民權運動」的浪淘之中。學生運動後來茅頭指向大學校政及教學改革。美國大學的通識教育受了一次嚴重的打擊。加以這個世紀「認知主義」的興起和「專業化」的全力拓展，許多大學只能在知識的層次上加以開發和拓展。

知識以外的事——價值上的事、道德上的事，有時甚至藝術上的事，慢慢從通識教育的地盤上揮發離去。

八〇年代有了一些新的轉機。不同文化的經濟交往導致跨文化的，平等交往式的認知。文化批判和文化研究接踵而來，並且進一步滲透到通識教育的內容裡。不僅如此，人類生態環境的破壞引起跨越國界及跨越文化的生態關懷。這類的關注進一步引進種種的生態政策的批判——政治生態政策的批判、藝術生態政策的批判等等。大學教育，特別是它的通識教育，又給注入許多關乎價值，關乎道德，關乎文明，關乎人性的內涵。這類的轉機帶給通識教育的前景一道新的曙光。我們將注目其未來發展，看看能否大力跳躍出「認知主義」的藩籬。

從通識教育的推行方案及課程組織的形式看，我們可以約略將其區分為兩類。有的大學的通識教育則介乎兩類之間。

第一類的通識課程注重指導性的安排。大學除了規定學生應修學分外，還編定不同專科背景的學生的不同修讀內容，有時甚至有必修的科目安插在通識教育的課程之間。這樣一來，大學所開設的通識科目的數目較為有限，學生自由選課的程度較受限制。著名的「芝加哥（大學）模式」屬此。

第二類的通識課程著重學生選課的自由與方式。大學只將課程加以分類，提出簡單基本的分佈選課規定，推出大量的課程科目，任由學生登記選讀。眾所周知的「哈佛（大學）模式」就是。

現代的中國大學教育採取許多西方的政策和措施。在這方面有沒有什麼深遠的影響？

十九世紀之末，西方團體開始到中國辦學，美國的影響最為可觀。在一、二十間「教會」大學中，美國式的文理教育曾經是那些大學的部份教育理想。可是由於時局形勢的需要，中國的主持教育當局也同

時在大學裡推行「共同必修科目」，形成兩種非專業科目在大學裡的混合發展。

1949年後，中國大陸改行蘇聯的制度，棄通識，重專科，特別提倡政治教育。近十年才開始重新思索安排未來的方向。

臺灣方面一直推行大學共同必修科的非專業教育（雖然早期的東海大學曾有過往大陸上之「教會大學」之風）。最近十年開始大力思索通識教育的問題。

香港在這方面則有一段可觀的歷史。1949年之後，大陸流亡的知識份子在香港草創大專書院，提供（那時主要是）流亡學生的就學機會。其中，在推行非專業教育方面最值得注意的就是崇基學院和新亞書院。

崇基學院是教會資助成立的大專學府，秉承過去教會大學在中國大陸辦學精神（那時該等大學已經悉遭封閉），在辦學比較自由的風氣下，為身居香港或身困香港的華人子弟，提供中西合璧的高等教育。

比起當時香港唯一的英國制大學「香港大學」（港大），崇基學院具有一些很顯明的特色。首先，港大原是一所典型的殖民地大學，以英語為教學語言，原以培養殖民地當地之高層領導人員為要務，跟著當時英國主要大學學制，採取三年的修學年限，以配合所謂「英文中學」的七年制（五年中學，二年預科）。這樣的大學當然不會以提倡中國文化為職志。比如，那時的哲學系只開設西洋哲學課程——特別著重英國哲學，中國哲學的科目編列在中文系講授。因此，注重中西交會的崇基教育理想就顯得富有時代意義和具有教育理念上的挑戰性。那時中國大陸正在嚴厲批判中國傳統文化，同時也在推行親蘇反美的政策。這樣一所學府的成立，在香港殖民地社會，在英國極力避免和中國大陸產生不必要的衝突之特殊環境下，多少繼承了傳統中國

讀書人的悲劇傳統。崇基學院採取美式的四年制。它的校訓是「止於
至善」。 雖然這個善已經不限於儒家的善，但是在那艱難困苦的五○
年代，多少反映著中國知識份子的悲情。

在這方面，另一所主要由流亡海外，避難香港的知識份子草創的
大專學院——新亞書院——也在動盪的歲月裡突顯出它扶傾濟難的性
格。在初創的年代，這所書院的墾荒者努力以恢復發揚中國文化為職
志。它也採取四年學制，主要以中文（甚至以國語，而非廣東話）作
為教學的語言媒體。又是一間大專學府，與香港那時唯一的大學港大，
大異其志，大異其趣。

辛苦經營了十年，直到六○年代中葉之後，這兩所書院和當地另
一所由小小的五間書院聯合成立的「聯合書院」合併「聯盟」， 創立
了「香港中文大學」。 這時開始，畢業生的大學學位才正式受香港政
府和英聯邦政府的接受承認。由於前有各個組成書院的教育理想和辦
學方針，因此這所大學（中大）代表著和港大渾然兩異的教育取向。
中大採取四年制（但早期卻夾雜英式的「學位試卷」制）； 明白宣稱
中文也是它的教學語言，採取雙語制；甚至公開揭示溝通中西文化是
其辦學任務，進行中國學術和西方學術的教學和研究。

可見一所大學（或者一所大專書院）的成立往往具有它的特定使
命。我們需要正視這個使命，才能比較深切地談論它的教育理想和教
學方針，才能比較言之成理和言之有物地談論其通識教育或通才教育
——其目的、其內容、其課程結構和其實施策略與推行方法。

提起中文大學的通識教育，我們又不得不回顧崇基學院。除了上
述的特色外，它從創校開始就採取美式「文理教育」的制度，注重學
科交流、中西會通和品格培養（那時一年級學生必須修讀「人生哲學」
一課）。 創校幾年之後，有一位在芝加哥大學新獲神學博士學位的青

年教員加入那時的「宗教與哲學」系（不是正式名稱），他參照芝加哥大學的通識教育模式，在崇基開展一套富有通識理想的「綜合基本課程」(Integrative Basic Studies，簡稱 IBS——「綜基課程」)。這是「崇基模式」的（美式的?）大學通識教育，這也是中文大學的大學通識教育的先河（雖然中文大學目前不是專用此模式）。這個「綜基課程」具有下列的課程結構：

(1)一年級：兩個必修課程：「大學修學指導」和「思想藝術」（「思想方法」）。前者討論大學的任務和知識份子的責任，並指導大學生的求學和研究的方法。後者討論思考和解決問題的方法論。

(2)二、三年級：大約兩個限定選修課程。限制學生修讀科目，以進行科際交會和文化理解。

(3)四年級：「(畢業生)專題討論」課。必修。不同學系的學生混合為一個個小組，在教員指導下，就某一專題進行研究、討論與報告。

顯而易見，這是一個結構分明，目標清楚的大學通識教育計劃，它甚至可能是種通才教育計劃。這可能是中國教育史上，第一個現代化的通識（通才）教育計劃。

香港中文大學成立之後，大學結構和學制經歷兩、三次巨大的改變，目前整個大學推行的並非崇基模式的通識教育。表面看起來，它好像由崇基模式或芝加哥模式變化成哈佛模式（開設了一百五十個左右的選修課，而且年年增加新課）。可是事實上，它仍然是一種多模式的綜合。

中文大學成立之初，不論在行政結構上或在教學制度上都不能算是單純統一。相反地，不管是從學生或教員，或是從行政人員的觀點看，中文大學都是個學制混合複雜，行政結構架床疊屋的學府。不說別的，它一方面採取成員書院施行十多年的美式四年學分制（而不是

像日本戰後一直推行的兩年教養學科加上兩年專門學科的四年制），學
生必須修讀學分課程，通過各科考試，始能修滿足夠學分（約 120 學
分），獲得畢業資格。另一方面，學生四年在學期間，學年分際清楚。
早期在二年級和三年級之間，甚至設有極為正式，全校各科統一辦理
的「中期考試」(intermediate examination)。學生必須通過此等考試，
始能升讀三年級。然後，學生在三年級和四年級之末，分兩部份報考
為數七卷之「學位試卷」(degree paper)考試。其中五卷為主修科試卷，
其餘兩卷為副修科試卷（通識教育科目、選修科目和語文科目等，則
無學位試卷之設）。中文大學一直採用「榮譽學位」制——畢業生所獲
頒發之學位區分為甲級榮譽、乙級一等榮譽、乙級二等榮譽、丙級榮
譽和推薦畢業五等——而榮譽等級之確定主要根據五卷主修科學位試
成績，並參照另兩卷副修科學位試成績而定。由於學位試在整個榮譽
學位制之中所具有的重要性，因此大學極為重視這項考試。考試的籌
備、施行和試卷的制訂和評閱全都以極為正式而嚴密的方式進行。首
先，為了學生報考學位試，各個學系定期開設與各試卷內容相印的科
目（有的是必修科目，也有的屬於選修科目）。學生在三年級和四年
級時，分別向大學教務處申請報考「第一部份學位試」和「第二部份
學位試」的試卷數目和名稱。由大學統一編製每一學位試卷的考試時
間和地點。大學將這個初步的考試時間表公佈，徵求意見。學生可以
據理提出更改申請。比如，按照校方規定，同一學生可以不在同一天
參加多於兩個學位試卷考試等等，這樣的考試統一集中舉行，學生憑
證件對號入座，考場監督嚴格，考卷上只有學生編號，沒有學生姓名。
　　試卷的出題、參議、印製、核對、評分和評議也算大費周章。通
常每一考卷的題目由與其內容相印的科目之任課教員擬定。有時也可
能由幾位教員會同擬定，因為有時幾個教員都是某一科目的任課教員。

這種情形在中文大學創立的初期最為常見。那時大學的院系仍未統一合併。有時三間成員書院各自設有同一個學系，因此分別由各自的教員講授同一個科目。該科目如果是個學位試科目，到時只好由不同的教員會同擬定出一份統一的試卷（當然偶爾也見到由不同的教員制作不同的試題，交由學生選擇答卷。有時也見有中文和英文分別不同的試卷）。試卷擬定之後，由校方寄送給各有關學系的「校外考試委員」，請求參議試題。通常教員在擬定題目時，依某比例多出一些題目，交由校外考試委員挑選定奪。比如，預出七題，供選鈎五題等。不過，校外考試委員也可以不完全在原來教員所擬定的題目中挑選，而自己加入新題，要求學生作答。大學收集了試題之後，加以統一印製，統一密封，準備運交考場使用。等到考試之日，校內負責出題的教員還得在該科考試時，親臨考場，詳細核對校方印出的試卷，遇有差誤，當場公佈，讓與試學生改正。他並且繼續停留在試場一段時間，供學生發問，統一回答。所以，整個試場備有麥克風，以做廣播宣佈之用。這樣的考試由大學教務處召集校內的職員和助教負責，維持秩序，監督場紀。這樣的考試不可以說不審慎莊重。

　　考試之後的閱卷工作也同樣慎重其事。加封後之考卷交到學系之後，各學系選定一個時間，集中有關教員，專心會閱評定每一考卷之成績。記得在七〇年代，三個書院的學系尚未統一集中之前，每一學位試的考卷通常都有兩位教員評分，有時甚至有第三位評分員。這樣評核出來的結果還得寄交校外考試委員，聽取他們的意見。偶爾校外考試委員也提議改動原來校內的評分（後來校內院系統一，任課教員也傾向單純化，學位試的會閱制度才逐漸消失）。

　　大學如此重視學位考試，間接地令沒有加入學位試之科目顯得不受重視。這雖然主要是心理上的事，但是也有一些分別，加以制度化

之後，產生非常實質的效應。

後來中文大學取消學位試的制度，改由主修科目的成績，參照副修科目的成績，去評定一個畢業生的榮譽等級。其他科目的成績，包括通識教育科目的成績，也就和畢業生的榮譽等第沒有直接關係。這點在實質上並不一定影響通識教育的推行，可是在心理上容易造成一種印象，以為通識教育的科目對大學教育的實質內涵，沒有產生積極的作用。這種印象顯然是錯誤的。不過，在教學的行政上沒有把通識科目和一般的主修科目並列看齊，不分軒輊，的確容易引起施教上和學習上的困擾。這十幾年來，我們在中文大學不斷努力促進通識教育科目在內容品質上和在學習要求上的提升，目的正是要避免讓通識科目流為二流科目。我們甚至有意地採用「雙重編號」（同一科目又有專科編號，又有通識編號）的方式，把同一科目同時開放給學生，充當專科的需要，也充當通識的功用——雖然學生只能選取其一，不能一課兩用。為了通識教育施行上的成功，我們千萬不可在心理上先將通識科目定位成為比較容易，比較低淺，比較沒有功課要求，比較馬虎過關的科目。大學的通識科目，和大學的其他科目一樣，必須力求講究品質，必須認真教學，必須不斷致力改良和進步。

1995年3月20日完稿

1997年11月14日補訂

大學通識教育往何處去?

—— 香港中文大學通識教育的過去、現在與未來

0. 教育的目的、內涵與體制的沿革

學校教育,不管是幼兒的、小學的、中學的、大學的,甚或超大學的,全都有它施行教育的目的。教育要怎樣實施,它的內涵如何,就要由教育的目的來決定。教育體制的設立就是用來將教育內涵付諸實行,以便達到教育的目的。

教育的目的有比較長遠的,有比較短期的。教育的內涵有比較抽象的,有比較具體的。教育的體制有比較廣義的,有比較狹義的。可是,無論如何,教育的目的、教育的內涵和教育的體制全都在人類的生態環境、歷史文化和社會形態的變遷下,不斷地發展、嬗變和演化。只不過人類教育的長遠目的演化得較慢,短期目的演化得較快;教育的抽象內涵嬗變得較慢,具體的內涵嬗變得較快;教育的廣義體制發展得較慢,狹義的體制發展得較快。

大學教育自然也是如此。大學教育的目的、內涵和體制全都在不斷的發展、嬗變和演化。不說太遠,五十年前我們前輩的大學和今天我們所認識的大學,就有明顯的不同。為什麼呢?我們的生態環境改變了,社會、政治和經濟狀況不同了,知識和科技的開展程度和開發速度不同了,不同文化的演進前景的預測不同了,世界各地區的強弱分佈和競爭狀況不同了;還有,銜接大學的中學那端和研究院所這端各自的局面也不同了……。所以,大學也得審時度勢,改弦更張,而

不能只是抱持傳統，堅持不變——尤其是那些比較短期的大學教育目
的，那些比較具體的大學教育內涵，以及那些比較狹義的大學教育體
制，總是與日俱進，不斷更新。

　　大學的通識教育是大學教育的一個環結。它因應著大學教育的變
遷而不斷地發展、嬗變和演化。

1.大學的通識教育

　　儘管大學的通識教育只是大學教育的一環，可是它卻不是大學教
育中要增就增，要減就減，表面附帶，可有可無的教育裝飾。大學的
通識教育雖然總是因應大學教育的發展而發展，可是它卻經常不是，
而且不應該是，無關緊要地吊掛在大學教育巨輪之後，任憑拖帶，漫
無自身的目的。相反地，正好像我們可以從一個大學所製造出來的研
究成果的多寡和高低來評判該大學的學術成就；我們也可以，而且往
往更應該，從該大學在通識教育的推行是否盡力，以及對通識教學的
開發是否盡心來評論它在文化上，在社會上，甚至在人性上所做出的
貢獻。大學教育旨在培養人才，而不只在製造知識。從這個觀點看，
大學的通識教育不僅充當了大學教育的侍僕，它往往更是大學教育的
靈魂。

　　不過，大學的通識教育可以從極不相同的層次去瞭解，去推行，
去評價。比如，一所大學可以通過許多專門學科的合理配合，講課時
注重各學科的發展史和方法學的研討，並且強調各科的發展對文化、
對社會以及對人類文明的貢獻；甚至進一步鼓勵跨學科之交流，促進
不同學科的師生之間以及不同學科的學生之間的討論；不僅如此，學
生除了上課聽講和專科討論之外，教員除了教學和研究以及教育行政
之事務外，還能進一步共同關心功課和工作之外的時代問題、文化問

題、全球問題或地域問題，對之加以分析辯解，集思分享。這樣的大學無需特別設計開設一批課程，稱為「通識教育課程」，規定學生必須修讀，或也能夠開展出符合大學通識教育理想的大學教育。它不需假以「通識教育」之名，然而通識教育之實已經寓於其大學教育的目的、內涵和體制之中。

相反地，倘若一所大學特別指定一批通識教育科目規定學生修讀，但是由於大學上上下下都忙於創造專科的研究成果，開發專科的新知領域；研究至上，出版第一；就連通識教育科目也在推行實施的過程中，慢慢走向專業化和技術化；加以各方競爭激烈，壓力難當，大家選擇短期效益，大家追逐明白易見的指標；於是對通識教育的「百年樹人」的理想終久愛其能助，愛其能行。這樣一來，所謂「通識教育」就容易淪為表面形式，變成空洞口號。

所以在思考討論大學通識教育的時候，我們最好在概念上區別幾件不同的事。一所大學的教育目的是否涵蘊通識教育的理想，這是一件事。大學的教學課程中是否標明指定一批通識課程，這又是另一件事。不但如此，大學的通識教育意義、通識教育目的、通識教育理想和通識教育精神等等，在某一特定的歷史文化以及社會政治的情境下，也經常不可以直接劃一對比，等量齊觀。此外，通識教育目的和通識教育體制也非必然互相呼應。比如，只是建立表面的通識教育體制，如果沒有其他條件的配合，可能變得事倍功半，甚至功虧一簣，終久無法蓬勃開展大學通識教育的精神。

所以我們不能只是抽象地談論大學通識教育。我們需要在歷史的、文化的、社會的，甚至政治的情境下觀察和評論一所大學的通識教育。不過，這樣說並不表示大學通識教育的品質不可能有普遍性的、全球性的評鑑方法和評鑑標準。時代性、地域性和本土文化性的大學通識

教育之目的、內涵和體制也可以努力追求超時代性、超地域性和超本
土文化性的品質和卓越標準。

2.香港中文大學通識教育的過去與現在

香港中文大學在1963年成立，至今已有三十多年的發展歷史。可
是在大學正式成立之前大約十年，它的三間成員書院已經創立了。中
文大學今日的通識教育是由這些書院各自的通識教育蛻變發展出來
的。

崇基學院、新亞書院和聯合書院三間成員書院在聯手參與創辦中
文大學之前，雖然各自都有大約十年的獨立發展，各自有它自己的辦
學宗旨和教育目標，然而這些書院卻具有一些顯而易見的共同特徵。
它們的成立都在五〇年代之初，中國政局產生天翻地覆的變化之後，
香港滯留著一批學者和關心國人教育之士，另外還有一群有待接受大
專教育的年輕人。可是香港原有的大專教育，包括那時唯一的最高學
府香港大學，顯然無法滿足這批人的教育要求。於是在有志之士的倡
導之下，新的書院也就相繼創立，辛苦經營。

在那樣的動盪的時代，立志草創大專學府顯然不是一件簡單而容
易的事。除了社會的和經濟的困境之外，政治的局面和世界局勢的發
展都會左右立校宗旨和辦學方針。可是也正是在這樣的時代，教育的
目的容易彰顯，創校的精神容易發揚。這樣的創校興學具有它的歷史
意義、文化意義和社會政治意義。這樣創建出來的學府不會只是抄襲
世界上某大學的教育目的、教育內涵和教育體制，不會只是立志成為
別的大學的小小的翻版。這樣的學府容易培養內部的認同感和凝聚力，
在感情上和在道德上開發出一種獨特的學府精神。崇基學院、新亞書
院和聯合書院就是這樣發展出來的。

　　這樣的書院不是以純粹發展國際學術為主要目的，它的主要目的
在於培養社會人才。關於這點，我們只要一望這些書院的校訓也就可
見一斑。「止於至善」（崇基）、「誠明」（新亞）、「明德新民」（聯合）。
在這樣的書院裡，教育的目的不是停留在知識的獲取，它更進一步涵
蘊著一份道義的追求。因為這個緣故，這些書院無需使用「通識教育」
之名，但是所進行的人才教養當然包括了某一類型和某種程度的通識
教育。它們的教育體制正是為了這樣的教育目的。

　　起先這些書院的規模都很小，師生人數不多，教師容易照顧學生，
學生容易親近教師。教師的道德品質容易感染給學生，教師的人生旨
趣容易引起學生的同情和共鳴。這是早期書院教育最令人心神嚮往的
地方。

　　三間書院起先那十年的經營基本上是朝著類似外國所謂「文理學
院」的方向發展。後來有的書院甚至開創出可與外國某些著名大學爭
輝比美的通識教育體制——雖然彼此的教育目的可能不盡相同，大家
的教育內涵也許頗有差異。

　　不過，這樣的書院學府在發展上也遇到它的難題——尤其是在這
個世紀，尤其是在當時的年代。

　　首先，我們知道那時的三間書院的畢業生沒有獲頒正式受政府承
認的學位，這是極待爭取改善的事。第二，這些書院全以私人興學的
方式經營，不是政府撥款支持的公立學府，財政困難。第三，那時正
是「學術企業」起飛，「知識工業」突飛猛進的時代，科技日新月異，
新知急速開展。世界潮流推崇知識開發，振興實業，而不鼓勵問學琢
磨，人文修養；時代風尚走向唯知識是問，唯知識是尚的「認知主義」，
而無力理會道德價值和人性感情。小小的書院，短淺的歷史，單薄的
人力和財力，面對社會的重重壓力和時代的各種挑戰，為了保持教育

水準，參與競爭，書院必須設法打開新的局面。第四，六〇年代之後，本土文化的潮流濫觴。在香港，「中文合法化」（成為法定語言）的運動抬頭，「母語教學」的口號也呼之欲出。那時，這三間書院在道義上和在意願上，顯然比起原已具備規範和歷史的香港大學，更能脫穎而出，肩負使命。

在這樣的歷史的、文化的和時代的條件的交織之下，香港中文大學終於由這三間成員書院聯邦成立，接受政府的撥款，立案成為香港第二所英式大學。可是這所大學卻因以往成員書院的文化和歷史傳統，以及當時背負的社會和道義責任——比如旨在錄取中式中學的畢業生，而具備一些美式大學的特色。比如：起先它採用四年制，而非當時香港大學所採用的三年制；它除了學位試制度外，尚有學分制；一般學生除了攻讀主修科之外，還有副修科；更明顯的是，那時整個大學除了專門的分科教育而外，還有通識教育。很顯然地，這類的美式大學的特色絕非形諸偶然。這類特點指出中文大學成立的初衷，同時也標明它發展蛻變的命運。

建校之初，成員書院聯邦結合，在大學行政的統籌之下，迎接一種嶄新的使命：那就是努力擴充和鞏固各種學科，務使大學能夠在短期內躋身國際，成為學術重鎮，而不只是成為一所可有可無的地方大學而已。

在時代的和地域性的競爭壓力之下，這的確是大學最有把握、最有可能在較短期內實現、最容易以統計數字公佈成效的發展取向——將大學發展成為具備國際性的高水準的高等學府，它同時志在溝通中西文化（和中西知識），以及中文、英文並重，提倡雙語教學。

中西文化交流和中英雙語教學兩者都是值得推崇的大學教育目標和教學體制，兩者不但沒有違背各成員書院的辦學宗旨，而且令以往

書院的精神和理想更易發揮實現，因此必定獲得書院至少在精神上的全盤支持。可是在向國際化的專門學術進軍方面，書院就遭遇到極大的困境，面對著嚴峻的挑戰。各書院自己管理的學系形單力薄，不足以應付要求數量「多」和規模「大」的考驗；於是大學改制，將各書院的相同學系合併，完全歸諸大學管轄之下。

書院雖然喪失了負責教學最基本最重要的行政單位，但在大學改制後的幾年，卻依然自己發揮影響力，通過學系的配合，努力經營自己本身的通識教育課程，負責自己學生的通識教育。可是後來學生人數不斷增加，書院不堪負荷，統籌安排發生困難，終於在十年前，大學統一了全校通識教育的體制結構，由全大學的許多學系共同參與通識教育的教學工作。至於書院，目前仍然負責各自全體學生一至兩科的通識課程，另外也全力發展「非形式」的教育項目，以配合大學和書院的教育理想和教育目的。

中文大學從創校至今，教育體制不斷嬗變，大小改革無時停止。可是對於通識教育的理想，卻數十年如一日，堅持不捨，未曾放棄；即使數年前大學的學制由完全的四年制改成學生可在三年修畢的彈性學分制，大學的通識教育也一樣屹立不搖，繼續發展。至今，它已變成中文大學教育理想的一部份，它成了大學重要的教育目的。至於通識的內涵和體系總是不斷改良，與時俱進，務求更有效和更圓滿地達成通識教育的目的。

3.中文大學通識教育的未來

通識教育的目的在於養成平衡的心智，健全的識野和開朗的理性，繼而涵養人性感情，發揚人間道義。這是「百年樹人」的孕育人才的事業，不是一時一地的鍛練技能或添加知識的工作。因此，通識教育

的成果不容易直接由學生的課內成績或畢業等第立刻計算出來。這在追求短程效益，注重統計量化，講究立竿見影的風氣下，的確是對提倡通識教育的一種沉重的打擊。如果不是教育體制健全，教育政策合理，很容易引起教師和學生將通識之務視為畏途，不願盡心投入。如此一來，容易只將通識充當口號，不求改進，最後徒使通識教育淪為「二等課程」，既不受歡迎重視，也不受愛惜尊重。這是推行大學通識教育最要注意的地方。

過去，我們努力由兩方面改善這類的情況。首先我們反對將通識教育課程的知識內容加以稀釋淺化。正相反地，我們努力開發新課（或新教法）淘汰舊課（或舊教法），務使課程的知識內容提升改進。可是只具備高品質的知識內涵並不自動提高它的通識功能。鼓勵跨科研究，提倡師生討論才能產生取學榜樣，潛移默化的作用。因此，我們努力將通識課程每班的學生人數逐步減少到一個合理的程度，以便師生進行課內課外的雙向交流。一個具有高品質的知識性的內涵的大學課程要能達到提供通識的作用，需要教師對該課進行更具廣度（甚至更具深度）的開發，並且為了照顧來自不同專業的學生的不同需要進行更加頻繁和更加密切的師生交流和學生之間的彼此交流。從這個觀點看，通識教育課程比一般的專業課程更需由經驗豐富的教員提供小班教學。這是人才資源的昂貴投資。可是只有這樣不計成本的投入，大學教育才能更上層樓，真正達到培育人才而不只是傳播和製造知識的目的。

好在目前科技的發展正在將知識的教育和新知的傳播做得更加便捷，更加有效率和更加自動化。面對二十一世紀，大學的交互聯網的改善將令電腦網絡教學推展到一個高峰。將來在每一個知識範圍內都將進行研究和教學的網絡化。網絡化的結果令知識品質國際化，並且

令專業知識大眾化和普及化。將來我們無需太多的專業教員去擔當傳授專業知識的工作，大學將更能安排人力資源進行通識教育——包括在網絡上的「小組討論」和「個人交流」。

從教育的內涵上看，目前中文大學的通識教育分佈在三個重點上。那就是中國文明課程、分科交叉課程以及跨科整合課程。今後五年，我們將逐步把這些課程整理上網，試驗研究各科各課的多媒體網絡教學的實施可能和預測成效。希望在二十一世紀正式來臨的時候，中文大學的通識教育的體制有著極大的改變。通識教育的人力資源將不再主要投入目前的大班授課。那時有經驗的教員將更能體現「身教」的功能，不只停留在目前的「言教」的層次。畢竟通識教育不能只停留在知識教育的層次。二十一世紀的通識教育應該突破這一個世紀困局，入於知識教育之中，出於知識教育之外，走向感情教育，走向道德教育，走向人性教育。

二十世紀的大學教育最感無力，最呈現缺陷的地方，正是二十一世紀大學通識教育播種耕耘，開花結果的園地。

比方，我們目前的大學教育在人性情懷和社會道德的教養成效上遠遠落後於社會人士的期望。就是像所謂「環保」的社會運動，也沒有充分獲得大學教育的有力支援。可是，目前的環保大多還只是停留在「地球的環保」的層次。這顯然不足應付下一世紀的局面。大學教育，尤其是大學的通識教育，必須進一步和深一層地領導關切人類理性的環保，關切人類感情的環保，關切人性的環保。這才是真正的、深切的和長遠的環保。畢竟大學教育是人才的教育，知識上的偏才不是真正的人才，更不是沒有危險不會害己害人的人才。二十一世紀的大學通識教育必須負起人性教育的重任，才能從這個世紀的困局中脫胎換骨，領導無處無需的人性建設，積極參與無時不在的人性工程。

　　提倡感情教育，提倡道德教育；提倡人性環保，提倡人性工程；
這些努力不但不排斥知識的開發和新知的傳播，而且往往更進一步刺
激更深入的開發和更廣泛的傳播。尤有甚者，通識教育關注文明發展，
關注人性建設；它提倡分科交叉和跨科整合。當這樣的努力活潑進行，
用心投入之後，許多新的學問和學術將不斷湧現滋生，澎湃開展。我
們可以想像，不必等到下世紀的中葉，今日的「認知科學」將蛻變演
化出許多感情科學、理性科學和人性科學。那時大學通識不再留置於
許多專業知識之後，搖旗喊吶，它將領導開發新知，建立新學。這是
二十一世紀的歷史貢獻，也是新世紀的人性希望。

1995年9月25日

大學通識教育的規劃與施行

——十年經驗的回憶與思考

0. 前言

　　自從1972年底加入香港中文大學從事教學以來，作者幾乎沒有一天不與通識教育的教學或規劃工作發生直接間接的關係。起先的十二年間，除了擔任中文大學成員書院之一的崇基學院之通識課程教學之外，也陸續參與該書院的通識教育策劃工作。那時，崇基學院的通識課程稱為「綜合基本課程」(Integrative Basic Studies，簡稱 IBS)。有兩個委員會直接或間接參與該書院通識教育的策劃工作，那就是「綜合基本課程委員會」和「教育委員會」。前者直接管理通識課程的規劃和施行工作，後者則擔任全書院的教育方針之策劃工作。在那十二年間，作者先後分別充任該兩委員會的成員、秘書或主席的工作。1985年中文大學籌劃統一全校的通識教育課程。從那時開始，作者受委任為大學通識教育主任，直到今天已經十年有餘。起先我們成立「通識教育主任辦公室」，負責全校通識教育的策劃和施行工作。該辦公室於四年前因工作需要易名為「通識教育辦公室」。

　　作者在本文中所報導的經驗和提出的反思，主要是針對過去十年擔任大學通識教育主任的經驗而發。不過，在檢討過去十年的工作，並且展望未來的發展方向時，無可避免的會觸及之前在崇基學院的工作經驗。

　　由於本文是自己經歷的回憶與思考，因此所言所論幾乎完全是個

人的見解,不一定代表中文大學參與通識教育工作的同仁的普遍共識。

1.大學的通識教育

　　儘管教育可以分門別類的加以規劃和施行, 但是一談及教育, 全都假定著一種共通的目的和理想。大學教育當然也不例外。就廣義言之, 人類的教育總是旨在開發人類潛能, 增進人類處理問題和改善生命環境的能力, 並且進一步提高人性文明, 開拓文明人性。所以談到教育一定牽涉到人性成長的理想性。現在我們撇開大學之前的中小學及幼兒教育不談, 專就大學教育來說, 在規劃上一定不可避免地要假定著大學教育的理想, 並且在施行上努力朝著這理想去工作。大學的通識教育當然也是如此。

　　根本上說,大學通識教育的理想是全人教育或完人教育的極致❶。這就是說, 我們假定通識教育的理想從幼兒教育、小學教育以至中學教育, 全都一脈貫通, 而不是等到大學階段時才外加的、額外的教育要求❷。可是, 我們當今的所有教育階段是否完全都在規劃上和施行上秉持這種全人教育或完人教育的理想呢? 當然, 理想的實現總是程度上的事, 不過, 理想的堅持卻有待於從制度上去加以加強和

---

❶ 表面上看來, 「全」人教育和「完」人教育兩者似有分別。「完人教育」似有價值意含, 而「全人教育」則不一定有。可是如果我們認真思辨, 我們定會獲致一個如下的結論:全人教育不可能無視於價值上的計慮, 不能只講究 (比方) 知識上的廣包與／或技藝上的熟練。所以, 在本文裡, 作者將「全人教育」和「完人教育」暫且當成同義語, 暫時不加論述申辯。

❷ 在此, 我們當然假定大學之前的教育理想全都是全人教育的理想: 幼兒教育和小學教育自不待言, 中學教育理應也是如此。

保證。

　　在一個全人教育並非一脈貫通的時代或地區，談起通識教育，特別是論到大學通識教育，我們就得區別充當全人教育理想的加強教育和當作是避免拋離這種理想太遠的補救教育❸。當然，加強式的通識教育和補救式的通識教育兩者之間的區別有時也只不過是程度之分。但是值得注意的是，我們到底要怎麼樣去策劃和推行大學通識教育。方法和策略本身有時深深影響我們所從事的教育的品質，在很大的程度上決定了我們所進行的大學通識教育到底是一種完人教育理想下的加強教育，或者是完人教育理想下的補救教育。

　　以作者自己的經驗，過去十年，甚至過去的二十幾年，我們努力尋求在規劃和施行上將大學的通識教育由補救式的教育帶引到加強式

---

❸　對於「加強教育」和「補救教育」的區別，我們可以做如是觀：舉例來
　　說，我們從小學到大學全都講授本國歷史。可是在小學的時候，我們可
　　能只重所謂的「史實」，把它當作是一段段前人的故事──甚至是英雄
　　或帝王的故事，最多兼而從中獲取故事的「寓意」或啟發作用。可是等
　　到中學，史實變得複雜多面，不再可能只以帝王英雄作為歷史發展的主
　　軸。等到大學再對本國史加以修讀回顧，這時我們不但可以講究到底使
　　用何種「史觀」詮解歷史事件，才比較接近「史實」，我們甚至可以檢
　　討種種史觀成立的根據，著重史學方法論的種種課題。這是本國史由小
　　學到中學，由中學到大學的加強式的教育。一般來說，加強式的教育注
　　重逐漸深入的反思，步步走向理論化，並且不斷加強文化文明根底的檢
　　討。相反地，如果我們原來並沒有推行「第二外國語」的教育，現在突
　　然因為國際化的考慮，急忙在大學階段注入第二語的課程，以應付需要。
　　這就是補救性的（第二）外語教育。一般來說，補救性的教育常常停落
　　在「技術」的層次，它總是在應付需求，而不是著眼於人生的豐富、理
　　論的好奇或人性的充實。

的教育的層次。

　　策劃和推行當前的通識教育，其所面臨的最大難題是今日根深蒂
固的分科教育取向，而種種分科教育本身又沒有包涵全人教育的理
想❹。因此無可避免地在推行大學通識教育的時候，似乎在教育理想
上，已經和現存的，而且發展得極為蓬勃有力的分科教育互相抵觸，
甚至背道而馳。比如我們常常發問，到底我們要求大學生學有專精、
分科深入，還是博學多能、廣泛通才。這樣的發問，好像已經假定專
才與通才兩者無法並存或者很難協調。我們就很少發問，我們到底志
在培養平衡的心智和開闊的見識，或者狹隘的專家和分科的偏才。這
樣的問題在過去的時代可能並不是一個太過急迫的問題，但是時至今
日，我們已經深深體認到只是專精和狹窄深入的心智並不足以解決當
今人類文化所面對的問題。不僅如此，只是一味著重專精本身甚至已
經為當今的人類文明製造出更多難以解決的問題。當然，這些問題可
能不只是一貫專精的結果，另一個推波助瀾的因素，就是所謂的專精
只在知識領域，甚至只在科學的知識領域才受承認，才受支持。比如，
在倫理道德，在藝術和其他價值上所謂的專精也只淪於知識或可知識
化的層次。我們現在已經體認到這是人類文明的偏頗發展。一大截的
人類文明的發展在這個時代得不到大學在教學和研究上的必要支持。

　　從這個觀點看，加上分科教育的取向由中學階段已經開始，因此
現在我們要設法推行大學通識教育，或多或少都把它當成是對於這時
代的教育缺失的補救教育。不過，我們不能把大學的通識教育定性為
補救教育，否則，它一定會淪為次等教育。在精神上和理想上已經無
法與蓬勃發展的分科教育並駕齊驅。

---

❹　我們在此假定分科教育的實施可以兼顧全人教育的理想，兩者並不一定
　　互相衝突。

2.大學通識教育的規劃

　　根據上面所說的理由，當規劃大學通識教育的時候，首先我們可能要比較清楚地將大學通識教育的目標釐定出來。上面說，我們要避免令通識教育淪為次等的教育課程。這在大學的教育環境裡特別值得注意，因為大學教育全都注重自由進取和主動學習，避免被動的、填鴨式的課業授受。如果目標沒有釐定清楚，只是隨意提供課程，任由學生自由選取，那麼在分科教育的嚴格要求和沉重壓力之下，通識課程變成不受重視的所謂「營養學分」，就是一件很自然的事。因此，在規劃通識教育課程的時候，我們宜將通識教育科目當作是與大學其他分科科目一樣，要求在內容和品質上都完全達到理想大學的課程標準。所以，我們不能隨意以常識性的科目內容或者以建立興趣班的「折扣」方式去開發大學的通識科目。既然我們有意將大學的通識教育當作全人教育的一個重要環節，那麼它的科目的品質至少應該和其他分科科目的品質完全不分上下。這點不但在規劃上值得我們特別注意，即使在施行上也一樣不可忽略。

　　也許有人認為，今日大學的通識教育往往是由補救性的教育方式著手進行，那麼就應該基於實際需要，降低標準來迎合客觀環境，刺激教員與學生共同參與的興趣。這的確是今日規劃大學通識教育的一個嚴重兩難。不過，這也正是今後大學通識教育能否辦理成功的一個重要關鍵所在。我們需要在開頭的時候，明白標定課程理想，不辭勞苦，一步一步漸進式地朝著理想的目標進行，而不要一開頭就知難而退，將目標降低。這一方面是教育方法上的要求，另一方面也是教育心理上的需要。談到教育，我們通常不必過份懼怕陳義過高。教育本來就是理想的事業，我們不應該斤斤計較於現實條件的束縛。

可是，要怎樣規劃大學通識教育的內容才能使得它具有今日大學理想課程的品質呢？第一，由於我們注重的是全人教育，因此，大學通識教育基本上具有批判今日大學過份注重分科教育的取向。只有對於今日大學教育的取向具有這種批判性，這樣的大學通識教育才具有補救性的功能。也就是說，我們如果只是將目前現存的大學科目，不管多麼豐富多樣，加以組織編排，沒有改變內容，在教法上未加調整，這樣並非自動可以編列出一套理想的大學通識教育的課程內容。比如，即使我們將目前的所有各科各門的「導論」課集中一起，要大學生修讀，這也不自動成為良好的大學通識教育課程。所以，今日我們所要規劃的大學通識教育應該遠遠超過以往所謂的共同必修科的要求，特別是在教育理想上最是如此。

第二，今日大學教育的內容不只受強烈的分科精神所支配，同時在更基本的層次上還受另外一種時代風尚所左右，那就是一般所謂的「認知主義」，或者「科學主義」，或者「客觀知識至上論」。姑且不論這些時代風潮是否有根有據，它所帶給大學教育的影響已經明顯彰著。不說別的，今日在大學教育的環節裡，我們幾乎無從著手談論和推行價值教育、感情教育和道德教育。因此，理想的大學通識教育應該具有廣義的文化和文明課程的內容，不只是狹義的知識課程而已。

第三，要使大學通識教育變成一流的大學教育，在理念上我們應該具有全盤大學教育的前瞻眼光。在精神上我們寧可開展大學通識教育來領導一般的大學教育，而不要老是將大學通識教育附掛在一般大學教育之後，模仿跟隨，亦步亦趨。舉個例子來說，大學通識教育除了要注重它的文化性之外，還得推行跨科交流與跨科整合。努力進行這種交流與整合的結果，或許可以產生新的大學學科。我們無需等到分科領域裡出現了跨科交流而產生了跨科整合後的分科，才將它納入

大學通識教育。因為這個緣故，規劃大學通識教育的時候，我們一方面要著眼於長遠的文化文明的理想，可是另一方面，我們也不能無顧於目前分科知識的發展趨勢，只有把握今日知識的發展和知識如何分門別類，我們才更有把握設計出通識課程，去發展大學生的平衡心智，培育大學生的文化修養以及啟發他們對文明寄望的心懷。

　　第四，只注重大學通識教育的理想性當然無法自動演繹出一套大學通識教育的課程內容。前面說過，今日大學的通識教育往往以補救性的教育開始，但是，到底是加強性的教育或者是補救性的教育，其中的區分不但屬於程度上的分別，而且也含有地域性的差異。在不同的地方，在不同的文化生態裡，大學教育所扮演的角色往往並非完全一樣。我們必須考慮，當我們在策劃通識教育時，我們要怎樣為自己大學所要扮演的文化與社會角色定位。由此推論，我們無需要求每一所大學都需要有共同的通識課程內容，才能發揮補救性或加強性的全人教育的功能。所以，在規劃通識教育課程的時候，我們固然不可遺忘通識教育的理想，但是，我們卻應該由自己大學的已有教育基礎和組織建制開始。這樣我們所規劃出來的通識教育才真正具有自己大學本身的發展潛能。也就是說，每一間大學都可以有各自不同或不盡相同的通識課程內容或通識教育的施行方式，但大家卻全都在不同的程度上符合通識教育的理想，推行著大學的全人教育。我們不應該太過注重不同大學之間的齊一性，而忽略了每間大學基於自己的獨特性所可能發揮出來的多元而生動的教育效果。

　　依此推理，我們也無需太過計較到底應該使用何種「模式」去推行良好的通識教育。比方，到底應該採取「核心 (core) 課程」模式或是「分佈 (distribution) 課程」模式。我們可以依照自己大學的特點、教員的專長以及學生的品質和工作習慣去加以定奪。甚至，我們可以

進一步說，這兩種模式彼此並不互相衝突。在同一所大學裡，我們可以依據需要，取長補短，創造出一種綜合的通識課程模式。

舉例來說，十年前開始，中文大學的通識教育課程內容包括下列七個主要範圍的種種科目：⑴邏輯思考與定量技巧；⑵中國文明；⑶其他文明；⑷電子計算學；⑸藝術與人文；⑹自然科學與醫學；⑺社會科學與管理學。這的確具有「核心課程」模式的精神。可是推行了數年之後，今日的主要範圍有三：⑴中國文明；⑵分科課程；⑶跨科課程。這不是「核心課程」模式，也不全是「分佈課程」模式。我們主要的著眼點在於中國傳統的文明，現代分科之間的交流了解，以及跨科問題的認識。屬於這三個範圍的科目，目前一共約有一百五十個，新的科目也在逐年增加之中。

第五，另外有一點在規劃的時候也許容易忽略。我們今天全都明白肯定或者暗地裡假定知識是不分國界和文化的。我們可能甚至傾向提倡世界文化而不主張過分發揚民族和國家的傳統文化。這在談論大學教育時特別如此。因此談到大學的通識教育時，我們可能假定大學的通識教育有一個世界性的內容標準。此種想法如果演繹不當，結果變得似是而非。因為所謂的世界文化並不是指全球性的齊一的生活方式。這大概是不盡可能的，至少不是眼見的將來的實際情況。所謂世界文化內容包涵著種種不同的地域性文化的交流，互動，融合與創新。只要我們懷有這種世界文化前提下的教育理想，在這樣的教育理想下，實際的課程內容也可以植根於本身的地域性文化。殊途同歸，相得益彰。從這個觀點看，強調本身的傳統文化，或者進一步採取比較的方式反省自己的文化，也成為今日大學通識課程的重要內涵。把這一點縮小來看，我們也可以說，提倡和推行鄉土文化教育並非與發展世界文化的精神互不相容，絕對抵觸。

3.大學通識教育的施行

我們都知道，教育的規劃是一件事，教育的施行又是另一件事。或許今日大學的通識教育特別如此。因為我們今天不只面臨著意識型態的分歧有待解決，我們更需要設法解決師資問題，學生學習態度問題，大學裡的普遍價值取向問題，甚至大學教育資源分配問題，以及教育權限的歸屬問題。這些問題如果不能夠獲得充份的解決，每一個問題都可以演變成為大學通識教育發展的致命傷。

十年來，中文大學在通識教育的施行上也或多或少面臨著這些問題。

首先，作者提議當通識教育的理想認清之後，其規劃可以採取漸進式的發展，不一定需要一蹴而幾地在開頭的時候就要求必須達到理想的境界。如果從這個觀點看，當我們進行規劃的時候，我們已經著眼於施行的可能性。我們不會將自己一定無法辦到的，當作是我們應該著手進行的。比如，我們無法在一夜之間將所有的通識科目設計得完全符合通識教育的理想，因為這樣一來馬上就面臨師資問題，資源分配問題以及學生學習態度等等的問題。我們只能以不斷檢討不斷修訂科目內容，並且以新的科目逐步代替舊的科目的辦法，將大學教育的教學內容朝著教育理想慢慢提升。這十年來，中文大學的通識教育幾乎沒有一年不在做著或多或少的改變，有的是科目內容的變化、新科目的增加和舊科目的修訂，有的是新制度的設置，有的是課程管理和資源的重新分配，有的是為了配合大學學制發展需要的課程結構的重新設計。其中有幾點也許可以提出來充作參考。

第一，中文大學起先是由原已存在的三間書院聯邦組織成立的(第四間書院則在大學成立後才成立)。 在大學成立之前，三間成員書院

或多或少都有各自的通識教育課程。十年前，當大學開始統籌整體的通識教育時，卻也顧及各書院原有的教育傳統。因此，在統一的大學通識教育課程之下，各書院仍然可以設計和發展自己的通識教育課程。我們尤其鼓勵各書院發揮各自的特點，提供學生非正式的通識教育活動。這樣的做法不但可以令各書院有機會繼續發展各自的教育理念，而且也使各書院在教育的資源分配和權限歸屬上，有一個比較合理的發展安排。尤其在大學發展得愈來愈龐大的時候，相對而言比較細小的書院單位可以對全人教育的理想作出比較實在的貢獻。

　　第二，中文大學的「通識教育辦公室」本身只是一個行政單位而不是一個教學單位，沒有任何的專職教學人員隸屬於該辦公室，每年超過一百個科目的通識教育課程絕大部份都由隸屬於各學系的教師所擔任講授的，只有比例上很少數的科目是由外來的兼職教員擔任講授。這樣的安排有一個顯而易見的優點，那就是絕大部份的科目都可以在教員所隸屬的學系內設計，開發和檢討修訂，因而直接或間接地影響學系內部的研究和教學。一所大學的專業人才幾乎完全集中在各學系裡，大學的通識課程通過各學系的通力合作以及互相支援，也就比較容易保證它的理想教育品質。相反地，通識教育的精神也因此可以植根於學系之中，一步一步地滲透到學系的專科教學和研究之內。不過，要統籌眾多學系所參與的通識教學顯然需要某種制度上的安排。比方，這幾年來中文大學採取了「雙課號」的科目編號安排。某一科目可以同時是某一領域的分科科目，又可以是通識教育科目。學生基於不同的要求選修同一科目，但卻採用不同的科目編號，大家一起上課。這樣的做法不但保證了通識科目和專業科目的品質一致，同時也使得通識科目的管理變得比較簡單易為，因為我們可以很容易地辨認出選修某一科目充當通識科目的學生，進一步觀察他們的學習表現和課業成

績，作為改進通識課程的依據。與這一創制有關聯的是通識教育的「考試小組」。它的功能在於審核通識科目的評分標準和成績等級分佈。我們利用這些資料探討通識教學所遭遇的問題，比如，某一科目是否在內容上或教法上不適合充當通識教育科目，或者學生在眾多通識科目之間是否存在過份容易獲得高分或低分的問題。

　　第三，每一所大學，即使是全科大學，都有它學術專業上的限制。中文大學當然也不例外。雖然目前中文大學擁有七個學院，六十多個學系，但是也無法保證能夠自然提供理想的通識教育所需的所有科目。基於通識理想上的需要，我們往往必需主動要求相關學系特別設計符合通識理想的科目，我們甚至在必要時招聘外來的兼職教員來滿足這項需要。這樣的做法使得大學的通識教育內容不完全受制於現存的學系科目內容，也不局限於既有的教學方式。也就是說，大學通識教育的籌辦單位必須時時刻刻採取主動，開發新課，改善教學方式，充實通識教育的內涵。

　　第四，負責大學通識教育的人員往往面臨著一個心理問題。其實這是有關大學通識教育的形象問題。前面說過，我們必須努力避免讓通識教育課程淪為次等課程。可是在做法上不可避免地遇到重重難關，尤其當通識課程的學業要求和一般分科課程的學業要求有所不同的時候，這個困難更加難以避免。所以，通識科目和一般分科科目的學業要求應該一致。教員不宜抱著同情學生的心理，以減輕學業負擔作為引發學生對該科目產生興趣的藉口。相反的，我們應該由內容的安排和教學方式的改良去改善通識課程的教學品質。因此，在通識教育的領域裡，我們更需要熱心負責的教員，時時不忘改善教學方法，令學生在通識教育的課程中受益。在這點上，前述的雙課號安排，也發揮出明顯的正面作用。

　　第五，和上面所說具有密切關係的是大學通識教育師資的開發問題。我們大家在不同的程度上都是在本世紀分科取向下成長的。我們對於全人教育的通識理想和通才志願並不是在這個環境之下「自然」長成的。現在的一個緊迫問題是如何在不同的分科領域裡，喚起大家共同的通識理想，培養相同的通識意願。通識的關懷可以說是一種人文的關懷。可是人文的關懷應該是人類大家的關懷，而不應該只是狹義的人文學科裡的專業學者的關懷。因此，如何在當今不同的分科裡開拓出由分科中自己衍生出來的通識內涵，變成一件雖然困難但卻意義重大的工作。我們在上面提過，今日的通識教育必須對本世紀過份的分科取向採取批判的態度。學理性的批判和實踐性的批判全都可以包括外在的批判（系統外的批判）和內在的批判（系統內的批判）。我們知道內存內生的自我批判常常是最有力和最有效的批判。因為這個緣故，中文大學不斷注意開發各個分科裡頭的通識教育的師資，設計由分科內衍生出來的通識課程。大學的通識教育需要由大學的每一學科共同著手參與，它的力量才會壯大，它的發展才算健康。如果這個想法無誤，那也間接提醒我們，大學通識教育不宜由少數的專家學者獨力負責，專職經營。這也就是為甚麼中文大學沒有設置一個通識教育的教學單位的緣故。中文大學的通識教學工作伸展到每一個學院的許許多多的學系之中。這十年來，我們不但開發了理學院、商學院和醫學院的通識課程，今年我們也成功地引進工學院自己衍生出來的通識教育課程。當然其他文學院、社會科學院以及教育學院都義不容辭地發揮各自對大學通識教育的貢獻。

　　第六，通識教育在大學的教育生態環境裡往往可以一馬當先，發揮帶頭的作用，促進一般大學教育的發展。比方，我們率先在通識教育的課程中，提倡「教學觀摩」活動。十年來，每一學年我們都將一

些科目開放給全校師生和其他人士前來旁聽，並且在課後參與討論。這在中文大學算是一項創舉。在一般的學系裡，這類的活動可能會變得敏感，因此不容易隨時進行。可是十年的經驗告訴我們，這類的觀摩活動如果經營得當，並不一定會帶出預想到的敏感問題，所以大學裡的各個學系如果有意進行此類活動，就可以參照通識教育已經累積十年的經驗，令它進行起來不產生原來預料的難題。這只是一個小小的例子，事實上在許多教學方面，通識教育都可以帶頭進行一些富有創造性和革新性的實驗，藉以提升教學的品質，保證教育的效果。通識教育容易在這方面起帶頭的作用，因為它比較不受專業上的學系在課程架構和行政結構上的種種限制。體認到這一點，我們也就可以看出通識教育在促進和改革整個大學教育的過程中，的確可以發揮一種很積極而又富有成效的作用。

4.結語

　　回想起來，十年的工作雖然總是秉持上述的通識教育理想，採取漸進式的改善策略，但是在客觀環境不斷的變化之下，隨時都得重新思考過往的規劃內容和施行方法，看看這些內容和方法是否依然能夠面對未來的需要。教育的事業不可無顧於文化生態和社會生態的變化，比如，大學擴展，學生人數愈增愈多，大學教員的教育理念和工作習尚改變，學生的意識型態和生命態度不同，社會對於教育的資源分配的變化，種種的因素都促使我們重新思考通識教育的規劃問題和施行問題。所以，在中文大學現有的通識教育基礎上，我們仍然需要不斷思索新的規劃和新的施行安排以應付下一個世紀的需要。作者曾經在〈大學通識教育往何處去？——香港中文大學通識教育的過去、現在與未來〉一文中，提出某些規劃上的改善方向。例如，當今許多人都

開始進行種種「後現代」的反思和作為。可是我們有沒有發問，後現代的大學通識教育應該具有甚麼樣的「新穎」內涵呢？當新的世紀來臨的時候，我們是否已經胸有成竹，預備妥當，立志扭轉本世紀那些過份注重外表，過份講究包裝，過份推展「消費主義」，過份計較「工具理性」的世界文化取向，努力開展比較深刻，比較內在的精神文明、感情文明、價值文明和道德文明呢？現在，我們正在提倡「綠色思想」，鼓吹「環保運動」，但是我們是否應該進一步從關心地球深入到關心人性，從關心自然生態提升到關心文明生態？二十一世紀的大學通識教育理應倡導「感情的環保」，倡導「理性的環保」，倡導「人性的環保」。倘若我們努力朝著這個方向進行，結合本世紀開發出來的認知科學、人工智能、心靈哲學和哲學記號學等學科，未等二十二世紀到來，我們的大學裡可能早已出現像「人性工程」和「文明工程」這類的專業分科的科目，在大學的課程中，和今日的「土木工程」、「電機工程」、「資訊工程」並列。那時，通識的關懷和努力，又為專科的開展造就一個重要的成例。

這也表示，大學通識教育的開拓必須善用當今的文化成就——包括知識成就和科技成就。舉例來說，今日資訊工業的發達，已經為大學提供一種嶄新的教學方式，那就是「網絡教學」。中文大學的通識教育已經開始進行這種「異類教學」（另類教學）的實驗。這種教學方式涵藏著深遠無盡的可能性。比方，我們現在常常苦於「大班教學」的種種缺陷，網絡上的教學正可以將大班教學「小班化」，化作「擬似小班」或「模擬小班」。這種實驗將導致我們重新釐定通識教育的資源分配問題和師資培養問題。不但如此，它也將引起教育理念和教學習慣的改變，令我們更容易開發新課，發展新教法，提升課程的知識內容，讓師生之間有更多的交流管道。交互聯網上的教學，不但使

課程品質得以國際化❺，師生之間以及學生與學生之間也更能發揮自由自在的「小組討論」和「個人交流」❻。

1996年4月23日

作者其他相關著作：

1. "Reflections on IBS (Integrative Basic Studies) at Chung Chi College," 1973. (unpublished)

2. 〈對於中文大學之「通才教育」的一些初步構想與部份建議〉， 1980年（香港中文大學內部文件）。

3. "University General Education: Ideals, Contents and Problems—With Special Reference to the Experience at the Chinese University of Hong Kong," presented at *International Conference on General Education in the Universities*, June 27–29, Taiwan. Appeared in *Journal of General Education*, (Vol. & no. to be affirmed), Taiwan, 1995. 中譯版：陳妙香譯，〈大學通識教育：理想、內涵以及問題——以香港中文大學經驗為例〉，《通識教育季刊》，第二卷第一期，臺灣，1995年。

4. "University General Education: Purposes, Scope and Varieties," presented at *Conference on General Education in East Asia*, March 13–15, The Chinese University of Hong Kong.

❺　科目內容則不一定需要國際化。

❻　由於篇幅所限，有些重要問題無法在本文裡列出討論。請參見以下所列之相關著作。

5. 〈傳統的「通識」和通識的「傳統」——論中國的通才教育和西方的通識教育〉，發表於「傳統中國教育與現代大學通識教育研討會」，1995年3月20日至21日，臺北。

6. 〈大學通識教育往何處去？——香港中文大學通識教育的過去、現在與未來〉。

附錄1

七〇年代及八〇年代崇基學院所推行之「綜合基本課程」概覽

—— 以1973–74學年及1980–81學年為例

1.1973–1974學年內容

㈠目的:

　　本綜合基本課程,係由崇基創辦人士所提倡之人生哲學嬗演而產生,迭經修訂,由院務委員會委派系際特別委員會主持,為全校學生之必修科目。

　　本課程開設要旨,乃擴展學生治學興趣,並使其在主修及副修科目外,更具有較遠大眼光及較廣博學術基礎,且特別顧及學生下列各項之需要:

　　⑴對現代大學教育之性質與結構,目的與任務,及其對理性思考之重視,有所認識。

　　⑵對中國及西方之主要文化傳統,有所體會及評估。

　　⑶對現代科學觀點,自然科學與社會科學之內在價值,及其與社會文化之關係,有所瞭解。

　　⑷對當今與恒常之人生問題,作理性之思索、探討,並有所抉擇。

㈡科目名稱:

　　綜基103A/B　　大學修學初階

　　綜基201　　　　中國文化概論

綜基301A	西方文化對個人與社會之觀念：古典資料
綜基302B	西方文化對個人與社會之觀念：近代資料
綜基303A/B	西方文學
綜基304A/B	西方音樂
綜基305A/B	現代西方
綜基401A	科學觀
綜基402B	專題討論

2.1980–1981學年內容

㈠目的（同上）

㈡必修科目：

　除三科共同必修科目外，學生尚須依照下列之指示，選讀三科選修科目。

　⑴主修自然科學之學生，須選讀一科由非自然科學學系所開設之科學觀，一科中國文化及一科西方文化。

　⑵主修社會科學之學生，須選讀一科由非社會科學學系所開設之科學觀，一科中國文化及一科西方文化。

　⑶主修文科之學生，須選讀一科由自然科學或社會科學學系所開設之科學觀，一科中國文化及一科西方文化。

㈢科目名稱：

　⑴共同必修科目：

綜基011/012	大學修學指導
綜基013/014	思想方法
綜基041	專題討論

　⑵選修科目：

甲、科學觀

　　數學131/132　　　數學導引

　　自然科學101/102　　生命科學觀

　　自然科學111/112　　物理科學觀

　　綜基404　　　　　　科學的哲學

　　經濟101　　　　　　經濟學導論

　　心理100　　　　　　普通心理學

　　社會101/102　　　　社會學導論

　　綜基406　　　　　　語言與傳意

　　綜基401　　　　　　人與其環境

乙、中國文化

　　綜基201　　　　　　傳統中國文化概論

　　綜基202　　　　　　現代中國文化概論

　　歷史103–104　　　　中國歷史要論

　　宗教343　　　　　　中國宗教

　　社會251/252　　　　中國社會

　　社會351　　　　　　中國社會思想史

　　社會354　　　　　　1949年前之中國社會

丙、西方文化

　　綜基301　　　　　　柏拉圖理想國與其他對話

　　綜基303　　　　　　西方文學

　　英文223　　　　　　英國文學之背景

　　綜基304　　　　　　音樂在西方文化中之任務

　　綜基305　　　　　　現代西方

　　綜基307　　　　　　基督教信仰的基礎

神學101　　舊約聖經導論

神學102　　新約聖經導論

附錄2

對於「綜合基本課程」的一些思考

1.基本假定

1.1　具有崇基風格的教育乃一種以基督精神為基礎的關心人性發展的教育❶。

1.2　崇基學院以「完人教育」為其辦學目標。

1.3　完人教育包括：

1.31　建立各種專門知識。

1.32　對於專門知識的文化意義或人文價值加以反省。

1.33　培養品味。

1.34　促進道德情操。

1.35　探討人類靈性的能力。例如，人性與神性溝通交合的可能性。

1.4　「一般」模式的大學教育，只包括(1.31)❷。

1.5　(1.32)–(1.35)必須以良好心志，周詳計劃，謹慎行事。

2.定義

---

❶　基督精神不一定只包含宗教意義。信仰基督的教育工作者憑著一己之使命感、責任感和緊逼感行事。

❷　僅當崇基學院向著(1.3)的方向發展，它才堪稱為香港、為中文大學作出獨特貢獻。這也就是大學不能取代書院的理由。

2.1 綜合基本課程的目標❸ $=_{df}$崇基學院的教育目標，即完人教育。

2.2 綜合基本課程 $=_{df}$為推行綜合基本課程的目標而設的一系列教育及教學措施。

2.3 綜合基本課程科目 $=_{df}$輔助常規書院（或大學）科目或集合各門專科知識的專設科目，用以達成綜合基本課程的目標。

3. 一些推測

3.1 綜合基本課程要取得成功，主要依賴教育工作者（教職員）的努力，這不是受教者（學生）所能自己做到的。因此：如果教職員缺乏熱忱，學生難以學有所成。（當我們對學生有所要求，我們得先要求自己。）

3.2 教員務須積極參與。任教綜合基本課程科目只算是其中一種支持綜合基本課程的方法。（現行的綜合基本課程（非指科目）的失敗主要在於各個綜合基本課程科目各自為政，欠缺一個整體目標。）

3.3 每個崇基學院的教員在道德上（即使並非在合約上）皆有義務參與綜合基本課程。因此，我們都應該為實現綜合基本課程的目標而努力。（或者我們該說：每位教員也同時承擔著合約上的義務去做這件事。參見❸。）

---

❸ 我們不打算採用「綜合基本課程」的字面意義。由(1.2)至(2.1)推論出綜合基本課程的目標等值於崇基學院的教育目標。我們也由此推論出綜合基本課程的目標並不只是某些人士或委員會的目標，它更是整個書院上下的首要關懷。

3.4　因此，在綜合基本課程中，教職員以至學生皆同樣地擔當著重要的角色。

4.一個綜合基本課程的樣本大綱

4.1　有關教職員事宜：

4.11　為新同事提供簡介。

4.12　由綜合基本課程委員會贊助舉辦學術會議。

4.13　為教職員提供公開講座。例如，由一個學系的教員主講對象為其他學系成員的講座。（我們應該為自己進行教育與再教育。）

4.14　舉辦學院對談會、辯論等等。

4.2　有關學生事宜：

4.21　學生根據其畢業年份分組（稱為「級社」）。

4.22　為每個級社設計一個為期四年的綜合基本課程計劃。（每年的計劃無需完全重複。這使設計留有更大彈性之餘，也方便進行實驗。）

4.23　設立次委員會以計劃及監察每年的綜合基本課程計劃。部份教職員將獲邀請參與是項工作。次委員會負責監督某個級社的學生在其綜合基本課程中的表現，自其加入崇基直至畢業方止。（可能仍未終止！）

4.24　每年的綜合基本課程自該年度收生後正式展開。

4.241　每個學生自獲錄取之日，即獲知會綜合基本課程的目標（即崇基學院的教育目標）。

4.242　讓學生在迎新日討論該目標。

4.243　書院生活該設計成有利於達成綜合基本課程的目標。

　　　　例如：

① 與學生會或其他學生組織聯手籌辦活動。

② 在宿舍舉辦活動。

③ 週會該在課程內擔當非常重要的角色。

④ 鼓勵甚至安排學生與教職員作個別接觸。

⑤ 系會舉辦一些公開活動讓其他學系的同學參加。

4.244　新生於首年必須修讀兩個指定科目：IBS101與
　　　　IBS102。

4.245　為二年級與三年級學生提供選修科目。例如：

① 各學系提供的通識教育課程。

② 供二年級及三年級學生修讀的綜合基本課程科目：
　　IBS201, IBS202, ……, IBS301, IBS302, ……。

③ 輔助課程。例如：級社閱讀計劃：

　(i)選擇一本讀物讓某級社學生研讀。

　(ii)舉辦導讀演講。

　(iii)提供導修協助。

　(iv)舉行測驗及考試。

　(v)學生進行口頭報告。

　(vi)組織討論會或辯論。

　　　註：各教職員（至少負責該級社的次委員會成員）
　　　　　該與學生同讀該書。

4.246　四年級學生修讀兩個綜合基本課程科目：IBS401與
　　　　IBS402（專題研討）。

4.247　對某年度之級社計劃進行檢討。例如：

① 綜合基本課程委員會會議。

②　舉辦學術會議（供教職員和研究生參加）。

4.248　畢業典禮。所邀演講者對於綜合基本課程之施行不無
　　　重要！

4.249　長期跟蹤綜合基本課程的成效。（與崇基校友會合作。）

附註：本文件之英文版本發表於1975年4月15日召開之崇基學院「綜
　　　合基本課程委員會」之次委員會會議上。該會由作者擔任召集
　　　人。

英文版本1975年4月

伍美蓮譯

附錄3

對於推行1977–78學年「綜基101」及「綜基102」之學生為本教學的一些思考

前言：

1.書院的角色

　　根據大學最新決議，通識教育（尤指相關之學生為本課程）將成為各書院的首要任務（理論上，所有學生為本教學皆屬書院事務）。在這個教育領域中，各書院將可保留原來的傳統與形象，發展別具一格的課程，堅守一直以來的教育承諾。崇基書院早已開辦其計劃周詳的綜合基本課程，相信只需稍加修訂，便可將學生為本教學納入其內。

2.一些觀察

　　為方便籌劃綜基101及綜基102之學生為本教學，我們且先把綜合基本課程的科目分為兩類。首先，每個崇基學生均須修讀共同必修科目，即於一年級修讀的綜基101及綜基102以及於四年級修讀的綜基402。按照規定，這些科目不可豁免，也不可由其他科目替代。另外，我們開辦一系列的規定選修科目給其他年級的學生修讀，當中包括有關中國文化、西方文化以及「科學概觀」等科目。這些科目在某些情況下可以由其他非綜合基本課程科目所替代。在崇基院方的批准下，學生可以修讀一些由其他書院之教員所講授的課程，以滿足綜合基本課程的部份要求。崇基並無權過問這些院外課程的內容與教學。由此

可見，以上提及之共同必修科目對於綜合基本課程的發展尤為重要。

3.教師在綜合基本課程中的角色

綜合基本課程既為崇基的首要教育項目，如能吸引愈多的教師同事參與，其成功的機會便愈大。書院的未來，多賴大家積極參與，盡心投入這個課程的開拓。書院上下，包括教師與學生，皆應齊為通識教育而努力。

我們不用擔心誰才有能力任教或參與通識教育的問題。我們同樣生而為人，同樣身為教師，同樣身為教育工作者。通識教育出於對人性的關懷，這是每個教師，每個教育工作者所關心的領域。

任教共同必修科目綜基101、綜基102及綜基402皆極需教師的熱誠與投入。其中，學生為本教學的部份更是如此。
1977至1978學年一年級綜合基本課程：

4.綜基101及綜基102之學生為本教學

大學教務會之通識教育委員會決議，於1977–78學年，一年級通識教育課程中，學生為本教學佔兩學分。引入學生為本教學的方法很多。不過，為求教學上更有效率，我們建議把它分別納入綜基101及綜基102。每個課程的學生為本教學各佔一學分。

5.對於1977–78學年的一些統計

在1977–78學年，崇基的收生人數約為四百人。他們將分為兩組人數相若的班別。其中一組於上學期先修讀綜基101，於下學期修讀綜基102，另一組則先修綜基102，後修綜基101。假設我們限定每個學生為本教學小組的學生人數不得超過十名，則我們起碼需要四十組

學生為本教學小組。但是，由於兩班組人數難以完全平均分配，每班組人數極可能超過二百人，我們估計所需學生為本教學小組為四十一組。為求簡單，我們將以綜基101和綜基102皆含學生為本教學小組二十一組為討論根據。

6.1977–78學年綜基101及綜基102的一些特點

⑴二學分，雙課節之學期課程。上下學期均有開設。

⑵總教學時間為三十小時，其中十八小時為講授課節，其餘十二小時為包括學生為本教學之導修課節（此在綜基102將全作學生為本教學用途）。

⑶每班分為二十一個學生為本教學小組。

⑷每個學生為本教學小組全由來自不同學系之學生所組成，每組男女學生數目儘量平均。

⑸每組學生為本教學小組的學生的課業要求相若，並會接受標準相同之測試。

7.1977–78學年綜基101及綜基102之修訂建議

㈠綜基101：大學修學初階（沈宣仁博士構思）

⑴課程大綱內容不變。

⑵內容：

甲、講授：現代大學的功能與效用

　　　　　大學的結構：課程與學位；學科與學系

　　　　　圖書館、工具書

　　　　　學術論文、書目與附註

　　　　　討論的形式與教學的方法

　　　　大學的傳統和近況

　　　　高等教育的目的

　　　　知識份子的角色

乙、導修三種：

　①圖書館概覽及習作——由圖書館職員負責，一節課或兩小時。

　②參考工具及小型論文——學系教員負責，兩節課或四小時。

　③學生為本教學課節——學生為本教學教員負責，三節課或六

　　小時。以下列三項為討論範圍：

　(i)個人——適應大學生活

　　　建議題材：

　　　大學與中學的分別

　　　大學生活中的適應問題

　　　大學教育的成本與效益

　(ii)學校——高等教育的功能和效用

　　　建議題材：

　　　大學課程對於本科生的要求

　　　學術專科的性質及其現代意義

　　　大學生的責任

　(iii)社會——今日的學人

　　　建議題材：

　　　知識份子在古今社會中的角色

　　　大學畢業生的功能，對於發展中的社會之貢獻

　　　社會需求

　　　學人的品德和缺失

㈡綜基102：思想方法（由何秀煌博士構思）

⑴課程大綱內容不變。

⑵內容：

甲、講授：思考與思辯

解決問題與作出裁決

概念性思考

事實判斷與價值判斷

自動化時代裡的人

人類創意與人工智能

邏輯：原理與方法

演繹與歸納

形式謬誤與非形式謬誤

語言的功能

意義、界說與分類

信念、知識與真理

形式科學與經驗科學

科學方法

各門科學的翻譯、還原和整合

完整的人生

乙、學生為本教學課節：

第一節：思考、思辯與邏輯

建議題材：

思考作為解決問題的關鍵

「傳統」（或慣性）的方法與創新的方法

權威的善用與誤用

邏輯與「理性」概念

批判思考

開明思維與獨立思考

人與機械、機械能否思考

教育、訓練與程式設計

第二節：現實與理想

建議題材：

「美好世界」（或「理想世界」）的概念

現實性、理想性和可能性

事實與價值

選擇和決定的基礎

道德是否任意而為

人性：「自然」概念與價值概念

我們的世界觀

生活片段和完整的人生

生活方式：原則問題與品味取向

第三節：理論與實踐

建議題材：

理論與事實

觀察與實驗

「思考實驗」與實現

理論與實踐

所言與所行

目的與手段

政治理想、政治主義與政治系統

文化傳承與社會革命

第四節: 人文學科 ── 關懷與價值

建議題材:

　　各種人物在社會中的角色，如詩人、小說家、藝術家、音樂家、
　　　歷史家、哲學家、神學家等

　　終極關懷與個人承諾

　　人性、人類潛能及其施展

　　文學中（藝術、音樂、詩詞等）有無真理

　　人文觀察、想像與理想化

　　人文真理是否完全主觀

　　人文學科中的問題是否與個人生活較為相干

　　神的問題與靈性真實

第五節: 社會科學 ── 方法與有效性

建議題材:

　　社會科學中的事實

　　行為主義的問題

　　價值論中的社會相對主義（或人文相對主義）

　　社會變遷: 現代社會與傳統社會（的價值）

　　規範描述是否可能

　　社會科學中的價值判斷

第六節: 自然科學 ── 假設與真實

建議題材:

　　發現、發明與證立

　　準確性: 概念與量度的準確性

　　科學實驗

　　「決定性測試」概念

假設與定律

牛頓：「我不做假設」

科學、數學與真實

愛因斯坦：「如果數學定律用以指涉真實，它們就不確定；如果它們是確定的，它們就不指涉真實。」

感知性質與理論實體

狹義的科學主義：所有真理皆為科學真理，並且只有科學真理方為真理。

科學的「證明」概念

相對論和量子力學的基本觀念

科學決定主義與海森堡之「測不準原理」

科學唯物主義

第七節：知識的分析、整合與統一

建議題材：

分析的用途與濫用

分析與還原

統一的科學

普遍的科學語言

通識教育與專科教育

完整的人生

⑶上課安排：

甲、首三週只進行講授。

乙、第四至第十五週：講授與學生為本教學隔週進行。

丙、學生為本教學由第四週開始。

丁、在學生為本教學的第四至第六節安排有關方面的方法學專家

　　　　與小組教師一起參與教學。

戊、第四至第六節的上課次序因應不同小組作出調動。例如，第
　　一至第七組的次序是第四節，第五節，然後第六節；第八至
　　第十四組的次序是五、六、四；第十五至第二十一組則是六、
　　四、五。

己、第七節不設教節，專為學生進行獨立研究之用。每個學生需
　　要按此中題材提交一份短篇論文。

8.綜基101及綜基102之學生為本教學之教員

　　綜基101及綜基102之學生為本教學之教員須為崇基學院教師，起
碼具有助理講師資格或曾接受相干訓練。每位學生為本教學之教員在
每個課程中只負責一組學生。

9.人力資源分配

　　為使1977–78學年的綜基101及綜基102順利進行，我們除了需要
每個課程的講師以外，還需要：

　　⑴部份圖書館職員負責圖書館概覽與習作。(綜基101)

　　⑵部份系方教員負責有關參考工具及小型論文的導修。(綜基101)

　　⑶四十二位學生為本教學教員。(綜基101及綜基102)

　　⑷邀請分別從事人文學科、社會科學和自然科學研究的「方法學
專家」參與。每個領域七位，合共二十一位。(綜基102)

　　我們建議每個學系派出三位學生為本教學教員負責這兩個課程
(合共四十二位教員)。我們還需要招募另外二十一位來自上述領域
的「方法學專家」。

10.學生為本教學教員的教學負擔

　　每位學生為本教學教員在每個學期負責六小時（綜基 101）或十二小時（綜基102）之教學。「方法學專家」每個學期負責六小時(綜基102）之教學。

11.一年級綜合基本課程次委員會

　　我們建議成立次委員會以監察一年級綜合基本課程的教學與相關運作。該次委員會由兩個工作小組所組成，分別負責綜基 101 及綜基102兩個課程。

附註：在1977–78學年時，「綜基101」係「大學修學指導」，「綜基102」
　　　為「思想方法」。 綜合基本課程之科目編號屢經改動，以應付
　　　學制及其他方面的變化。

英文版本1977年6月7日

伍美蓮譯

附錄4

對於「綜基102」的再思

1.前言

　　在〈對於推行1977–78學年「綜基101」及「綜基102」之學生為本教學的一些思考〉一文中，我們指出：如果大學最近對通識教育及其學生為本教學的立場不變，則它將成為各書院的首要任務。通識教育是書院最能勝任的教育領域。以崇基的情況來說，現階段並不適合對現行課程作出太大的改動；那麼，以綜合基本課程作為新課程的基礎可說是最恰當的做法。至於成功與否，還要看我們如何將它加以推行。

2.過往之綜合基本課程

　　我們不敢輕率評價過往之綜基課程。無容置疑，它有其出色的成就。但是，恕我此言，過往之綜基課程也有其不足之處：我們未曾將它與其他課程等量齊觀。很多老師和學生僅在課程註冊的時候才會對綜合基本課程稍加留意，過後便視而不見。只有少數的書院教員曾深思細想如何教授以及改進這個課程。無怪乎設計得這樣出色的課程並未能如想像中那般成功。

3.綜合基本課程的將來

　　從上面推論，未來的綜合基本課程成功的關鍵——而非只是促進

成功的助力——在於書院教員是否齊心協力，全力以赴。基於這個理由，在綜基102原來的構思中，我們要求動員大量教員參與教學工作。

4.完善的學生為本教學

綜基102的教學工作當然可以一如既往，由一位講師和二至三位助教擔任。但是，以我們對於「學生為本」教學的瞭解（就當我們並不瞭解「學生為本」的意義，我們起碼知道它並非指正規導修）， 那樣的做法並不是一個完全以學生為本的課程。因此，我們可以發問：我們是否準備把學生為本教學模式引入綜基102？或者，我們打算把學生為本教學淪為附加於正規導修的裝飾品？

如果我們志在一個完善的學生為本教學（就算我們只能在推行過程中才能把它加以界定）， 我們必須任用書院講師（任職助理講師以上的教員）擔任教職。助教並不一定完全不能勝任這項工作，可是他們並不合適。我們考慮的條件不單是能力、訓練或者經驗。因為綜合基本課程代表了崇基的教育理想和信念，它需要由抱持同樣信念的正規甚或常設書院教員擔任教學工作。

5.人力資源分配問題

在開頭提及的文字中，我們建議邀請四十二位教員負責綜基102之學生為本教學。他們加起來的總教學時間為三百七十八個小時。為了方便管理，我們可能不必堅持教員的數目為四十二位。但是，我們卻堅信綜基102之學生為本教學不應該由少數學系所壟斷，更不應該由一個學系——比如哲學系——所壟斷。（有些人認為在綜基102之學生為本教學課程大綱樣本中，所建議的題材在內容上或者在用詞上過於「哲學性」。這正反映了綜基102恐怕已受某個哲學家所左右的危

險!)

6.綜基102之學生為本教學的內容

由此我們建議保留原建議中的學生為本教學課程結構。其中的「建議題材」僅用以幫助界定每個學生為本教學小組的教學範圍、方向和功能。（建議題材引起了很多誤解。事實上我們並未規定各班組必須討論所有列出的建議題材，我們更沒有把它們視為實際的討論題目。）

因此，讓我們把討論題材的內容交由一年級綜基課程之次委員會的工作小組決定。因為每個學生為本教學小組的教員皆屬於該工作小組。

附註：有關「綜基102」的定義及內涵，參見前一附錄。

英文版本1977年6月15日

伍美蓮譯

附錄5

對於中文大學之「通才教育」的一些初步構想與部份建議

1.前言

這幾年來通才教育的問題逐漸受中文大學之成員所關注。尤其是在「四改三」與「醫學院學制」的討論中，通才教育的問題更彰顯突出，成了各方注目的焦點。中文大學的教育理想和中文大學的通才教育好像成了密切相關的事。

如果中文大學的教育理想的確與通才教育息息相關，那麼我們應該趁此師生關切通才教育問題之際，早日設法排除目前通才教育所遭遇到的困境，進一步改善我們的通才教育。

2.通才教育的理想

在大學裡，通才教育的消極目的在於避免由於知識專門化所容易引起的狹隘眼界和封閉心態。積極上，此等教育的目的則在利用大學裡各種知識部門林立並置，各類專門人才濟濟一堂的有利環境，培養既具有專精學識，又具有通達遠大眼光的知識份子。

3.通才教育的可能性

知識的專精和眼界的通達兩者，各自都有程度的不同和品質的高下，但是專精與通達並不在原則上互相衝突。

通達的眼光不是等於各門專精學識在數量上的累積，通才教育的目的並不在於培養對於許多學科全都專精的人。

通才教育的目的在於通過認識不同學科（人文、社會、自然及其他專業學科）之基本方法、主要問題和根本價值，使學生養成通達的眼光和平衡的心智。此種教育可以通過為數有限的科目之良好配合以及對這些科目內容的獨特設計與教學，達到其初步目的。

4.通才教育與專科（主修、副修）教育

既然專精與通達並不互相衝突，因此專科教育和通才教育兩者也不是在原則上就互相排斥，彼此對立。

事實上，通才教育的成功端賴殊多專科在設計課程和進行教學上通力合作，在提供專技和分享智慧上密切配合。

在消極上，各專科應該避免違背通才教育的大原則，不應在主副修的課程設計和教學實施上，愈分愈細小，愈演愈狹窄。

在積極方面，各專科應該在課程設計和教學負擔上，為通才教育提供其獨特的貢獻。

5.大學設立統一的「通才教育部」

中文大學各書院推行通才教育多年，累積了許多寶貴之經驗。我們應該結合各書院的智慧與理想，開創中文大學通才教育的遠景。

為了進一步加強與改善通才教育內容，方便此等教育之實施，大學應該設立一個主持設計課程和推行教學的行政單位，統籌大學之通才教育之計劃、實施、評鑑與改良。

此單位應設有主任一名（或兼設副主任一名），秘書一名及專任文員若干名。各學系之系主任應為當然成員。另有與學系合用之教員與

助教。其他成員可比照大學其他教學單位所根據之前例，酌情納入。

在通才教育部之下，各書院設置通才教育委員會，負責書院之學生本位教學之策劃與執行工作。

6.通才教育之兩種施行方式

在共同的目標之下，通才教育可以通過兩種方式加以推行，互補相成：

⑴正式之通才課程教學（以課程內容為重心）。

⑵學生本位教學以及其他輔助性的課外活動（以學生之發展為目的）。

前者應由大學統籌辦理，後者則由各書院負責督導執行。

7.通才教育之施教階段及其重點

此處倡議將通才教育之實施區分為三個發展階段：

⑴基礎養成階段——對一年級同學實施

加強語文修養，培養基本思考與研究技巧，建立優美的生命情操和正確的人生方向。

學生修讀一至兩個課（加上語文課程與體育課）。此等通才教育課程全面輔以學生本位教學。

⑵充實內容階段——對二、三年級同學實施

瞭解不同學科領域之基本問題與研究方法。此等通才教育課程全以上課講解方式進行，或輔以小組導修。學生在兩年之間選修三至四個不同領域之課程。

有輔助性的通才教育之課外活動。

⑶綜合發揮階段——對四年級同學實施

以專題研究為主，綜合過去三年在專科（主、副修）及通才教育上之所得，深入研究，創造發揮。

一個課程，全以學生本位教學方式進行。

8.通才教育課程

通才教育部在各學系之通力合作之下，負責設計種種不同階段與不同範疇之課程。此一工作分段在數年內完成。

在此等通才教育課程尚未完全產生之前，通才教育部可以就大學目前已有之課程，商請有關各學系加以適當之修改與補充，充當過渡時期之通才教育課程之用。

9.通才教育課程例舉

⑴第一階段（一年級）基本課程：
甲、語文課程
①大學國文
②國語
③大學英文
④英語會話
乙、體育課程
丙、取向養成課程
①大學修學指導
②知識份子與現代社會
③思想方法
④學術研究導論
⑵第二階段（二、三年級）基本課程：

甲、人文學科課程

　　①人文學科之基本問題與方法

　　②哲學與人生問題

　　③倫理思想與道德問題

　　④中國教育思想

　　⑤西洋教育思想

　　⑥當代哲學思潮導論

　　⑦中國文學名著欣賞選讀

　　⑧西洋文學名著欣賞選讀

　　⑨中國音樂欣賞導論

　　⑩西洋音樂欣賞導論

　　⑪中國藝術導論

　　⑫西洋藝術導論

　　⑬中國通史

　　⑭西洋通史

　　⑮中國近代史

　　⑯二十世紀史

　　⑰中國文化要義

　　⑱西方文化要義

　　⑲印度文化要義

　　⑳日本文化要義

　　㉑世界主要宗教

　　　　：
　　　　：
　　　　：

乙、社會科學課程

①社會科學的基本問題與方法

②社會科學中的主要論爭

③社會思想發展史

④普通心理學

⑤心理學的問題與方法

⑥經濟學的問題與方法

⑦文化人類學導論

⑧現代社會的主要問題

⑨東方政治思潮

⑩西方政治思潮

⑪政治學的基本問題與方法

⑫政治社會哲學

⑬法律的基礎與問題

⑭新聞學與大眾傳播

⑮社會科學的哲學

　　　：
　　　：

丙、 自然科學課程

①自然科學的基本問題與方法

②自然科學發展史

③東西方的科學觀

④科學理論與科技發展

⑤物理科學的問題與方法

⑥生物科學的問題與方法

⑦生態學導論

⑧電腦原理

⑨數學系統與方法

⑩自然科學的哲學

：

：

丁、　專業學科課程

①醫學方法論

②醫學與健康

③醫學倫理

④工商倫理

⑤心理衛生導論

⑥現代工商社會問題

⑦社會工作的基本問題

⑧輔導學導論

⑨現代管理學導論

：

：

戊、　跨科課程

①將來學導論

②二十一世紀的展望

③知識傳統與大眾文化

④中西文化之比較研究

：

：

⑶第三階段（四年級）基本課程：

①文化專題研究

②人生專題研究

③當代問題專題研究

④中國問題專題研究

⑤香港問題專題研究

⋮

⋮

10.輔助性之通才教育課外活動

通才教育的成功有賴於學生之主動追求，因此除了正式之通才教育課程而外，校方應設法舉辦各種輔助性，啟發性，甚至補救性之課外活動，以補充正式之通才教育課程之不足。此等課外活動可以由書院之通才教育委員會會同學生輔導處及其他有關單位負責主辦。

11.通才教育之課外活動例舉

⑴各書院之週會／月會等。

⑵補習班（語文補習班、寫作補習班、閱讀補習班、研究方法補習班等）。

⑶座談會（時事座談、當代問題座談、香港問題座談等）。

⑷演講會。

⑸辯論會。

⑹假期參觀團。

⑺欣賞會（音樂欣賞、戲劇欣賞等）。

⑻專技速成班（速讀班、電腦語言班、國語班、書法班等）。

⑼實習班（電影製作班、攝影班、社會服務隊等）。

⑽專書研討會（讀書組、查經班等）。

　⋮
　⋮

12.通才教育之規定

通才教育部規定學生通才教育課程方面的最低要求。書院規定通才教育之其他要求(如學生本位教育之參與、週會／月會之出席等)。

13.通才教育成績

通才教育課程之成績在評定學生畢業成績等第時，應佔一有力比例。大學對學生之獎賞應考慮其通才教育上的表現。

14.書院之任務

書院之主要任務集中在通才教育中學生本位教學之實施。易言之，書院教師集中注意一、四年級學生之通才教育課程中之學生本位教學之上。

此外，書院以其他課外活動輔助全體學生之通才教育。書院對學生之獎賞應該特別注重學生在通才教育方面的表現。

15.（附錄）書院推行學生本位之通才教育之例釋（一個假設性的簡化構想）

　⑴學生入學時：

甲、組織負責督導該屆學生通才教育之專職委員會。

乙、此一專職委員會附屬於書院通才教育委員會之下，負責該屆學生在校四年中的通才教育之督導工作。

丙、專職委員會參加該屆新生輔導週之設計與推行，並負責向該
　　屆新生說明通才教育之意義與內容。

丁、專職委員會委員擔任該屆學生在校期間之通才教育導師。

戊、同時存在之各屆學生通才教育專職委員會不一定為學生推薦
　　完全相同之通才教育內容（各屆學生間之交流亦為通才教育
　　的一種施行方式）。

⑵學生就讀一年級時：

甲、書院選定某屆一年級學生必讀或選修之通才教育課程。由書
　　院教師擔任此等課程之學生本位教學工作。

乙、在書院安排下，每一學生都有通才教育導師負責督導責任。
　　導師與學生間每隔一週有一次定期面談，報告心得，交換意見，
　　解決困難。

丙、書院視該屆學生之實際需要，為一年級同學舉辦種種補習班、
　　速成班和專業輔導組。

丁、獎勵一年之中，在通才教育方面表現優良之同學。

戊、書院通才教育委員會會同專職委員會舉辦年終檢討會。有學
　　生代表及其他有關之任課教員參加。

⑶學生就讀二、三年級時：

甲、正式之通才教育課程完全由大學各學系負責辦理。

乙、書院之通才教育導師繼續與其督導下之學生進行定期約見面
　　談。一個月面談一次，交換心得，教學相長。

丙、書院舉辦輔助性之課外活動。例如：

　①「每月主題」——每月宣佈一師生討論主題，進行各式討論，
　　　　　　　　　　刺激思考。

　②「紙上論壇」——壁報（大字報）辯論。有專題。

③「感懷廣場」——張貼對問題之思慮所得,徵求回響與批評。沒有一定專題。

④「行裡行外」——將某一專科中之問題,以非專技的語言與表達方式,介紹給該專科以外的師生(教師也應參與接受通才教育)。

⑤「每月一書」——由一人或一組的人提出讀書心得報告,介紹新知。

⑥「今年專書」——書院贈送全體師生(或包括職員)每年每人一書,大家閱讀,共同討論(教員也應讀書,工友也可以參與討論)。

⑦「師生換位」——由學生當講者,教師為聽眾的座談會。

(此等活動公開給全體師生,但以二、三年級學生為主要計劃對象。)

⑷學生就讀四年級時:

甲、學生組成小組, 在書院選擇之課程下(比如「香港問題專題研究」)進行專題討論。書院可能提供有啟發式之講課,但以學生本位教學為主。學生發揮過去三年學習與思慮所得,提出深入、廣博或獨到之見解。

乙、書院公佈優良之研究成果。

⑸學生畢業時 / 畢業後:

甲、書院在一屆學生畢業之前,舉辦師生檢討會,反省通才教育之施行得失,提出改進意見。

乙、獎勵四年之間在通才教育方面表現優異之學生。

丙、對畢業生進行「長期追蹤」,考察通才教育與其人生事業成就之關係。

丁、邀請校友返校報告接受通才教育之經驗與心得。

1982年3月15日

附錄6

八○年代中期香港中文大學之通識教育科目概覽

㈠目的：

　　通識教育課程旨在推行均衡教育，以擴展學生之視野，訓練其抽象與綜合思考之能力，使其在瞬息變化之現代社會中，能內省外顧，高瞻遠矚。通識教育為大學整體教育之重要部份，學生必須修滿大學規定之通識教育科目，連同該生隸屬書院所設計及指定之通識教育科目在內共十八學分，始准畢業。醫科及工程學學生則應修讀通識教育科目十五學分。

㈡科目名稱：

　　大學科目

　　必修範圍：

　　範圍一　邏輯思考與定量技巧

　　　　GEE111A　　邏輯

　　　　GEE120B　　科技英語

　　　　GEE121B　　高級科技英語

　　　　GEE170B　　思想方法

　　　　GEE181A　　批判思考

　　　　GEE182A　　思考與寫作

　　　　GEE243N　　數學概論

　　　　GEE244N　　統計方法概觀

GEE281A 邏輯與論辯

GEE282A 邏輯與論辯

範圍二　中國文明

GEE2000 中國文化要義

GEE2020 傳統中國文化概論

GEE2050 中國文化及其哲學

GEE2110 中國文化導論

GEE2130 現在中國文化概論

GEE2140 中國文化與現代化

GEE2160 中國哲學主流思想

GEE2170 中國近代思想史

GEE2180 中國文化與社會

GEE2190 中國社會

GEE2200 中國社會思想之發展

GEE2210 當代中國政治思想

GEE2220 中國歷史要論

GEE2230 音樂與中國文化

GEE2240 中國音樂文化導論

選修範圍：

範圍三　其他文明

GEE1010 東亞社會與文化

GEE216F 音樂在西方文化中之任務

GEE217F 音樂在世界文化

GEE221G 中西文化特質比較

GEE222G　西方文化發展大勢

GEE223G　日本文化與社會概論

GEE224G　日本與中國

GEE228K　柏拉圖理想國與其他對話

GEE232L　佛教信仰的基礎

GEE235L　古代近東的文明

GEE236L　基督教信仰的基礎

GEE2802　西方對世界的衝擊

GEE2812　現代西方

GEE288K　現代西方思潮

範圍四　電子計算學

CSC1020　電子計算學概論

範圍五　藝術與人文

GEE1030　哲學概論

GEE1040　宗教信仰與現代生活

GEE200C　中國古典文學欣賞

GEE201C　中國現代文學欣賞

GEE202C　中國文學與現代社會

GEE203C　中國文學導論

GEE203L　佛學導論

GEE207D　文藝賞析

GEE208D　現代主義

GEE210D　科幻小說與電影

GEE211D　思考與電影

GEE214E　中國戲曲欣賞

GEE218F　　西方音樂導論

GEE219F　　音樂與訊息

GEE226H　　征戰皇朝——唐宋與鄰國之關係

GEE227H　　中國之地區性外交關係

GEE229K　　人文學科綜覽

GEE230K　　人文學科綜覽

GEE234L　　聖經研究導論

GEE280A　　方法論

GEE2811　　哲學與現代問題

GEE2821　　現代社會的道德論題

GEE2841　　應用倫理學

GEE2871　　愛情哲學

GEE289K　　社會學科的哲學問題

GEE296W　　人工智能泛論

範圍六　自然科學與醫學

GEE238M　　生命科學概論

GEE239M　　物理科學概論

GEE240M　　天文學

GEE278Z　　醫學科學觀

GEE279Z　　臨床醫學科學觀

範圍七　社會科學與管理學

GEE1050　　人類與文化

GEE1060　　經濟學導論

GEE1070　　環境研究綜論

GEE1080　　心理學概論

GEE1090	社會學導論
GEE2250	當代中國研究
GEE247Q	新政治經濟學
GEE248Q	經濟思想與制度
GEE249Q	二十世紀資本主義
GEE252R	行政學初基
GEE253R	中國外交政策
GEE254R	中國政府與政治
GEE255R	公共政策與價值觀
GEE256R	法律與社會
GEE262T	剖析新聞
GEE264U	結構主義、馬克思理論與人類學
GEE265U	性別與文化
GEE269V	教育通論——理論與實踐
GEE272W	人類認知
GEE274X	會計及財務要論
GEE275X	商學透視
GEE2803	個人與社會
GEE2804	婦女研究
GEE2805	香港研究
GEE2813	現代社會與現代世界
GEE2831	現代社會問題
GEE2833	意識形態研究
GEE2851	法律、道德與社會

附錄7

目前 (1997–98) 香港中文大學所開設之通識教育科目概覽

（＊表示1997–98所加入之新科目）

㈠目的（同附錄6）

㈡科目名稱：

大學課程

範圍一　中國文明

GEE2100	中國文化要義
GEE2110	中國文化導論
GEE2120	傳統中國文化概論
GEE2130	現代中國文化概論
GEE2140	中國文化與現代化
GEE2150	中國文化及其哲學
GEE2160	中國哲學主流思想
GEE2170	中國近代思想史
GEE2180	中國文化與社會
GEE2190	中國社會
GEE2220	中國社會思想發展大綱
GEE2230	音樂與中國文化
GEE2240	中國音樂文化導論
GEE2250	當代中國研究

GEE2260	當代文化的透視
*GEE2270	中國傳統思想史
GEE3108	專題討論：中國文化
GEE3118	專題討論：中國文化
GEE3109	中國文化名著選讀

範圍二　分科課程

GEE110A	邏輯
GEE111A	邏輯
GEE120B	科技傳意與技巧
GEE121B	高級科技英語
GEE122B	雙語現象
GEE123B	語言習得
GEE124B	英文的變體
GEE211B	思考與電影
GEE200C	中國古典文學欣賞
GEE201C	中國現代文學欣賞
GEE202C	中國文學與現代社會
GEE203C	中國文學導論
GEE204C	香港文學欣賞
GEE207D	文藝意象
GEE208D	現代主義
GEE209D	城市小說賞析
GEE210D	科幻小說與電影
GEE212E	珠江三角洲之發展
GEE213E	從太空觀地球

＊GEE215E　　中國的生態環境

GEE214F　　中國戲曲欣賞

GEE216F　　音樂在西方文化中之任務

GEE217F　　音樂在世界文化

GEE218F　　西方音樂導論

GEE219F　　音樂與訊息

GEE220F　　中國藝術賞析

GEE221F　　當代西方藝術賞析

GEE222F　　現代西方繪畫賞析

GEE223F　　表演藝術賞析

GEE224F　　認識西方繪畫

GEE221G　　中西文化特質比較

GEE222G　　西方文化發展大勢

GEE223G　　日本文化與社會概論

GEE224G　　日本與中國

GEE226H　　征戰皇朝——唐宋與鄰國之關係

GEE227H　　中國之地區性外交關係

GEE201J　　中國社會經濟史

GEE202J　　中國思想史

GEE203J　　東西方的革命運動

GEE228K　　柏拉圖理想國與其他對話

GEE229K　　人文學科綜覽

GEE230K　　人文學科綜覽

GEE231K　　烏托邦思想

GEE232K　　幸福論

GEE233L	佛學導論
GEE234L	聖經研究導論
GEE236L	基督教信仰的基礎
GEE237L	宗教與文化轉變史
GEE238L	耶穌倫理與現代世界
GEE239L	宗教與人的科學
GEE240L	世界宗教
GEE238M	生命科學概論
GEE239M	物理科學概論
GEE240M	天文學
＊GEE241M	動感化學
＊GEE242L	電影中的宗教
＊GEE243L	宗教與自然科學
＊GEE242N	計算機科學概論
GEE243N	數學概論
GEE244N	統計方法概觀
GEE246N	數學賞析
GEE247Q	新政治經濟學
GEE248Q	經濟思想與制度
GEE249Q	二十世紀資本主義
GEE250Q	社會及環境經濟學概觀
GEE251Q	經濟學概觀
＊GEE252Q	亞太區經濟
GEE252R	行政學初基
GEE253R	中國外交政策

GEE254R	中國政府與政治
GEE256R	法律與社會
GEE258R	文化政治
GEE259R	時政選論
GEE259S	個人成長
GEE262T	剖析新聞
GEE265U	性別與文化
GEE266U	文化與商業
GEE268U	人類與文化
GEE268V	教育思想
GEE272W	人類認知
GEE274X	會計及財務要論
GEE275X	商學透視
GEE201Y	建築之體驗
GEE278Z	醫學科學觀
GEE279Z	臨床醫學科學觀
GEE2883	中國的經濟改革與社會影響
GEE2835	香港的文化
＊GEE2893	運動與休閒社會學
GEE3409	當代思潮名著導讀

範圍三　跨科課程

GEE180A	思想方法
GEE181A	批判思考
GEE182A	思考與寫作（英語）
GEE280A	方法論

GEE281A	邏輯與論辯
GEE282A	邏輯與論辯
GEE125B	語言的認知結構
＊GEE126B	語言、文學與認知
GEE182B	語言、思考與寫作（漢語）
GEE183B	女人、男人及語言
＊GEE184B	語言及跨文化傳意
GEE233K	馬克思的思想
GEE288K	現代西方思潮
GEE289K	社會學科的哲學問題
GEE241L	佛教與中國文化
GEE293Q	資本主義的歷史發展
GEE294R	民族、國家與公民社會
GEE295U	語言與社會
GEE270V	環境教育批判
GEE296W	人工智能泛論
GEE298/9Z	行為及社會科學
GEE2801	哲學與現代問題
＊GEE2807	亞洲研究專題
GEE2811	哲學與現代問題
GEE2821	現代社會的道德論題
GEE2841	應用倫理學
＊GEE2845	香港歷史與社會
GEE2851	法律、道德與社會
GEE2861	法律、道德與社會

＊GEE2862	西方文化之文藝復興期
GEE2871	公義、平等與財富的分配
GEE2881	公義、平等與財富的分配
GEE2891	愛情哲學
GEE2901	死亡與不朽
GEE2802	西方對世界的衝擊
GEE2812	現代西方
GEE2822	現代東亞社會
GEE2832	文學及電影中的歐洲形象
GEE2842	歐洲聯盟導論
GEE2852	朝鮮與東北亞
GEE2803	個人與社會
GEE2813	現代社會與現代世界
GEE2823	社會學與現代社會
GEE2833	意識形態研究
GEE2843	和平與戰爭
GEE2853	性與文化
GEE2863	後現代與當今世界
GEE2873	民主與社會
GEE2804	婦女研究
GEE2805	香港研究
GEE2815	香港出品：文化研究導論
GEE2825	當前香港經濟問題
GEE2806	科技與人類之價值觀
GEE3808	專題討論：跨科專題

GEE3818　　　專題討論：跨科專題

書院課程

崇基學院

GEC0113　　　大學修學指導

GEC0412　　　專題討論

GEC8001–8002　星期五週會（每學年至少出席十四次）

8003–8004

8005–8006

8007–8008

新亞書院

甲、GEN8001–8002　書院雙週會（首修業年至少出席八次；

8003–8004　　　　　　　　此後各年至少出席六次）

8005–8006

8007–8008

乙、GEN1112　　通識教育導論

丙、學生須於第二、三、四修業年內選修下列科目中之一科：

＊GEN1190　　跨文化的商業溝通

GEN2112　　西方文化的特質

GEN2122　　美國歷史與社會

GEN2132　　美國文化與社會

GEN2142　　文學欣賞

GEN2152　　藝術欣賞

GEN2162　　中國美學

GEN2182　　科學與現代社會

GEN2192　　女人、男人與文化

*GEN2262　　中國藝術欣賞

*GEN2272　　西方藝術欣賞

GEN3070　　傳播媒介與社會

聯合書院

GEU1011　　　大學生活與學習

GEU0411　　　專題討論

GEU8001–8002　書院月會（每學期至少出席兩次）

　　8003–8004

　　8005–8006

　　8007–8008

逸夫書院

（學生只需於下列各科中選修一科，於首修業年選讀為佳。）

GES1110　　　現代人的問題

GES1120　　　教育與未來

GES1130　　　大學與社會

GES1140　　　香港社會福利服務

GES1150　　　兩性問題在香港

GES1160　　　香港的環境問題

GES1170　　　大學生活的挑戰

GES1180　　　改革時期的中國

GES1210　　　科學與人生

GES1310　　　現代城市剖析

GES1410　　　商學專題研討

GES1510　　　日常生活保健

GES1610　　　世界名著大觀

GES1710	電影藝術
GES1810	工程科技概論
GES1910	睡眠與夢境
GES8001–8002	書院聚會（每學期至少出席三次）
8003–8004	
8005–8006	
8007–8008	

附錄8

亞東區大學通識教育調查簡報

1.前言

通識教育在香港中文大學已經推行了三十多年。這期間各書院和大學整體的通識教育體制不斷地在演變調整，課程內容也不斷地在擴充加強。我們希望開拓出一個適合自己的教育生態環境，並且能夠發展出獨特的教學文化的通識教育的體制和內涵。

儘管通識教育並沒有一個自己共有而又特有的本質，但是任何教育都須講究推行目的和內容品質。通識教育當然也不例外。因此，我們除了不斷思索，力求改進之外，也同時放眼四方，觀察他人的通識教育之推行情況，以求達到善用「他山之石」的目的。

在這種認識之下，我們除了定期檢討自己的通識教育的施行效果，並且不斷研究通識教育的時代和地區意義，開墾更多更新的課程而外，也同時注目香港地區、亞東地區，甚至世界各地的通識教育的推行情況。1993年我們進行的亞東區大學通識教育的調查就是這項努力的其中一個例子。

2.調查目的

1993年12月，香港中文大學通識教育辦公室著手進行一項對香港之外的亞東區各專上院校所推行之通識教育的調查，目的在瞭解各院校推行通識教育的目的，其課程的性質、結構和內容，並作為我們平時

研究大學通識教育的理念、目的與内涵的參考資料。在發出的調查問卷中，所謂通識教育泛指所有大學本科生，除主修及專業課程外，必讀或必須選讀的科目。一般稱為「輔助課程」(complimentary studies)，「核心課程」(core curriculum)，「跨科課程」(interdisciplinary course)，「博雅教育」(liberal education)，「共同科目」(common subjects)等等都包括在内。

我們一共發出了153份問卷，寄往地區包括：

日本：	80份
南韓：	15份
臺灣：	31份
中國大陸：	17份
星馬：	10份
共	153份

截至1994年5月底為止，我們共收回38份問卷，地區分配如下：

日本：	20份
南韓：	1份
臺灣：	14份
中國大陸：	3份
星馬：	0份
共	38份

3.通識教育的目標

根據收回的資料顯示，各地區的通識教育雖然各有特色，但主要目標都是給予大學學生完整教育，讓他們在專業學科的教育之外，培養人格，擴展胸襟，以及訓練獨立思考和判斷的能力。

由於日本、南韓以及臺灣等地皆有其教育部所訂定之通識科目(或稱共同科目)，因此各院校之教學目標頗為相似:

臺灣

著重開拓學生之知識範疇，使具有宏觀之視野，瞭解自己與他人(包括生理與心理之問題)， 自己與社會環境，自己與自然世界等相互之間的種種關係，以達致全人教育之目的。

日本

著重為學生在修讀專科以前，提供人文、社會及其他各類型之科目作為基礎課程。學生在一、二年級時修畢通識教育課程，然後專注於各專科的發展。

南韓

培養人格，瞭解一己與他人的關係，國家民族的身分，以及獨立批判的能力。

中國大陸

擴展知識領域，品德（思想）教育等。

4.課程編制

課程編制及學分比重方面，各地有所不同。日本、南韓及臺灣三地均以核心 (core) ／基礎課程形式推行通識教育，故科目比例較高。反觀中國大陸，有如香港的部份院校一般，則以輔助形式推行，學分所佔比重較低。

茲將課程編制及學分比重分列如下:

內　容　分　類	臺　灣	日　本	南　韓	中國大陸
語文（包括本土語和外語）科目	有	有	有	有
關於該地歷史和文化之科目	有	有	有	有
關於該地政治、法律精神和社會面貌之科目	有	有	有	有
其他科目，如：人文、社會科學、自然科學及跨科科目	有	有	有	有
所佔畢業總學分比例	22%（28/128學分）	30–40%（各院校和學系要求不同）	30%（延世大學資料）	資料不詳

5. 行政安排

除了日本設有獨立學術單位（例如：College of Liberal Arts & Sciences, College of General Education 等）負責統籌及推行通識教育課程之外，大部份地區皆未以獨立的學術單位負責有關通識教育事宜，大多數由教務處以及通識教育委員會負責行政和執行工作。

臺灣清華大學於 1989 年設立了通識教育中心 (Centre for General Education)，獨立開設不同範圍的科目和進行研究工作。這是一個頗為獨特的例外。

6. 困難和問題

問卷的分析顯示，個別學校在推行通識教育時面對著不同的難題，

主要可以歸納為以下幾方面：

⑴課程內容不夠豐富多樣，數目不足以應付學生要求。

⑵每科學生人數眾多，影響教學的進行，降低教育的素質。

⑶財政資源及人力資源的局限關係，難以做出更多元化的課程編排。

⑷課程評核標準難定，進行起來十分困難。

⑸教材、刊物及其他輔助器材不足。

1997年11月24日整理補訂

大學通識教育的再思考

—— 華人地區大學通識教育的理念、制度、課程與教學

0. 前言（論文大綱）

　　現代意義的西方通識教育引進中國已有百年的歷史，起先是1949年前出現在中國大陸的美式教會大學裡所推行的現代西方式的大學教育。接著是五〇年代之後在香港和臺灣所出現的美式通識教育。那時在香港最典型的例子是崇基學院所推行的「綜合基本課程」(Integrative Basic Studies)。在臺灣，當年的東海大學所推行的通才教育也是一個典型的例子。現在，事隔多年，中間歷盡滄桑，上述的通識教育模式都不再依照原來的面目出現。有的完全消失，另外有的已經轉變成其他樣態出現。目前香港、臺灣和中國大陸三個地方都重新思考著大學通識教育的問題，試圖在當今的大學教育體制上令通識教育重新起步，重新發展。

　　本文主要的目的在於檢討過去出現在上述華人地區大學通識教育的根本理想和基礎概念，探討通識教育的制度和課程設計，並且研究大學通識教育的教學所面臨的問題。

　　作者並不主張大學通識教育有它世界性的普遍規範模式，而且大學的通識教育也非與其他的大學教育成素分開隔離的額外教育成素。正相反的，作者主張每一個時代和每一個文化都有它急於推行的大學通識教育，它的理念與整個大學教育的理念是不可割離的。作者主張

在理想上我們應該以通識教育的精神去指導全盤大學教育的方向而不應該以大學眼前的制度反過來限制通識教育的發展。

　　作者也提議探討政治上的意識型態和規劃大學通識教育兩者之間的互動關係。

1.「華人地區」的大學通識教育鳥瞰——政治與教育的互動

　　這裡所說的「華人地區」主要指的是香港、臺灣和中國大陸。我們暫時不包括其他大量華人聚居的地區，比如南洋、北美、歐洲，甚至其他亞洲地區。因為這些地區的華人，即使人數眾多，但卻一直身處於沉重的外在政治制約和當地的文化阻力之下。不論是自主的或是被動的，接受政治和文化上的同化是這些「華僑」地區無可爭辯的事實。因此談起教育——不管是不是大學教育，不管是不是通識教育——就是有心發揚中華文化，也得承受一層層有形和無形的阻力和局限。反觀香港、臺灣和大陸，情況就完全不同。就算香港——一個直到1997年6月依然受英國統治管理的地區——也一直沒有給中國當局當成是「國外」地區，香港的人也少以華僑自居。

　　不過這三個現在常給人叫做「兩岸三地」的地方，在過去的一百年間，卻遭逢極不相同的命運，因此開創出很有各自特色的發展契機。比如，當中國本土在世紀之初，在文化的發展上徘徊於十字路口，忙於所謂「現代化」的爭論——甚至西化與固有文化之爭時，臺灣卻靜悄悄地在日本統治之下，跟著日本本土的明治維新遺風，慢慢走向現代化，在許多方面（比如在教育體制上）開始奠定今日的基礎。類似地，香港地區在這百年來也沒有完全承受中國本土在走向現代化的歷程中，所承受的苦難代價。辛亥革命、共產革命、文化大革命等等驚

天動地的歷史風浪，對香港的衝擊都是比較疏遠而片面的。香港是在比較平靜溫和的掙扎之下，走向中西文化的混合和交流，接受現代化的成果和困局。

就大學教育來說，百年來兩岸三地在各自不同的政治局面、社會環境和文化情勢的規限之下，也經歷很不相同的發展轉折。今日，儘管三個地區全都出現發展大學通識教育的呼聲，可是大家卻都曾經站立在不同的歷史交匯點上，做出了不同的努力，收取到不同的成果。因此，現在的出發成了背負過去歷史包袱的「再出發」。三個地區目前是在不同的文化基礎上，在不同的社會情況裡，在不同的政治局面下，談論開展和精進大學的通識教育。

讓我們簡要地回顧一下過去五十年的情況。先說香港。在這個世紀的五〇年代前，香港的大學教育顯然將重點放置在培養殖民地政府的管理人才。可是第二次世界大戰之後，民族主義的興起，「文化中國」意識的提升，甚至「本土文化」風潮的湧現，令香港的大學教育面對著嚴重的意識型態的挑戰。更重要的是五〇年代中國大陸的政權易手，馬列主義之風席捲本土。加以這種新思潮尚未本土化，它標榜反中國傳統而又反現代西方，於是受排斥而避難香港的教育人士，也就在當時的需要以及文化的傳承上的使命感的驅策之下，結合一些現實的力量，創辦和那時的殖民地大學大異其趣的大專學府。今日早已成為香港中文大學成員書院中的新亞書院和崇基學院就是兩個明顯的例子。新亞書院志在恢宏中國文化，以便令中國文化中的人文精神——特別是儒家的人文思想——能在「海外」開花結果。崇基學院則秉持以往美國教會大學在中國本土辦學的傳統，強調品格教育，注重中西文化的平衡發展。

在五〇年代，這樣的教育宗旨無疑是時代的警鐘。一方面在香港

殖民地的華人意識中，挑起文化的反思，尤其是對中華固有文化的重新釐清與認同。另一方面也在馬列思潮的震撼之下，倡議對於世界文化未來的思慮和寄望。這就是說，當時這類的大專學府的創辦原來深具時代的道德使命和文化的價值追求。主持教育的人士寄望青年學生終究能培養出時代的觸覺和文化的承擔，成為有志、有識、有情、有德的知識份子。

這樣的大學教育顯然含有「通才教育」的理想。這樣的教育的目的在於培養一個經時濟世的人才，而不只志在製造一個個精通狹窄學術的專家。從那個時代的歷史條件來看，這樣的大學教育不但要喚醒那時殖民地心態對於中華固有文化的冷漠，而且也要因應那時席捲中國本土的意識型態對於固有文化的強橫霸道。這是一種具有時代的道德和價值使命的教育理想。

可是除了以政治力量為後盾的意識型態之爭外，五〇年代──甚至更早──開始，世界文化逐漸走上一種講究知識和科技，而不重視道德和情意的道路。知識急速膨脹，其科技應用日新月異，道德品格和情意價值的開拓遠遠望塵莫及。加以實用之使，功利之驅。慢慢地，大學走上知識的專科學府的道路。有些甚至只淪為製造一般知識人的工廠。

香港中文大學由像上述的新亞書院和崇基學院等成員書院為基礎而創立。這樣的大學從一開始就肩負著時代的歷史使命。因此三〇年代不斷強調中西文化交流，提倡雙語教學，並且一貫努力不懈地推行「通識教育」。可是種種的時代風尚、社會情勢和政治局面也令中文大學行之有年的通識教育不斷改革因應，在重重困難之間堅持原有的教育理想。

幾年前，中文大學被迫放棄完整的四年制大學課程，轉而實行彈

性的學分制，學生一般爭取在三年內完成學業。這是政治的局面影響教育理想的堅持的典型例子。香港的政府當局關心教學效益，關心每年培養出多少分科專業的畢業生。通才教育從來不是香港政府的用心所在。類似地，幾年前推行英國式三年制的香港大學倡議爭取多加一年「基礎年」的通才教育課程，也同樣被否定，令提案終於胎死腹中。

現在不但中文大學努力繼續在推行通識教育，香港其他的大學也設法在課程中加入通識教育的成分。但是在制度未改，政治情況未變之前，這類的努力雖然用心良苦，進行起來卻困難重重。

臺灣的情況又是怎樣呢？臺灣的大學教育有沒有通才教育理想？臺灣的政治局面又與這樣的理想產生怎樣的互動關係呢？

第二次世界大戰結束之前，日本統治臺灣五十年。在這段時間當時的日本政府（尤其日本軍方）為了侵略南洋，為了經營所謂「大東亞」的需要，曾經著力於臺灣島上的社會建設——尤其是有利於其擴展政策的產業建設。可是那時要進行社會建設必須提高民智，加強精神教育。這樣臺灣島上的人才能積極有效地投入社會秩序的建設和生產事業的發展。因此，五十年間臺灣各層級的教育都有可觀的發展。從幼稚園到小學，到中學，到職業學校（如師範教育），都有一貫的建設。除此以外，日本更在這個佔領的島上創辦了一所頗具規模，而且重視學術水準的「臺北帝國大學」（即今日國立臺灣大學的前身）。日本政府在臺灣興辦學校，推行教育建設，其意圖可疑可慮，可是對臺灣日後的社會發展和文化進步卻有它可觀的影響。

當然在日本統治的時代，臺灣當地的青年學子大都沒有充分的機會在人文和社會方面發揮開展，就連有志美術的青年都得離鄉遠赴日本本土去陶冶深造。在那樣的不公平、不開放的政治局面之下，臺灣的青年只好在實用的學科中求發展，其中醫學和農業等專科在臺灣也

就有了長足的進步。可是自古知識和學術無法完全被壓制在政治的巨掌之下。臺灣在異族的統治之下，讀書人也逐漸生聚教養出人文精神，時代思潮和民族意識。那時候臺灣作家和畫家所表現的就是一種具有草根情調的鄉土情思，那是對日本的企圖「同化」（和化）的一種默然的反抗。

日本在臺灣絕對沒有倡導通才教育，但是知識份子的思想和情思卻無可否認地走出了專業，拋離偏才，開始計較思慮時代與大局。

等到日本投降，臺灣重回中國的版圖。臺灣島上的大學教育，尤其是通才教育，又呈現出甚麼樣的局面呢？

臺灣光復之後，教育開放了。一般人接受高等教育的機會平等。那時唯一的國立大學——國立臺灣大學——一方面繼承以往臺北帝國大學的學術尊嚴遺風，另一方面試圖比照過去北京大學的自由開放的校園風氣，開始呈現一片蓬勃進取的氣象。人文社會的時代思潮在各科各系之間到處濫觴飛揚。大學不只是一個專業學術的研究園地，也成了孕育對社會對時代懷有使命感的有志之士的地方。不巧，那是一個進取開拓的時代，也正是一個意識型態鬥爭不已的時代。在政治上國共兩個陣營（不只兩個政黨）的鬥爭愈走愈成水火，最後國民黨退敗臺灣。為了圖存，政治的巨掌幾乎無所不在地伸張到教育的每一個角落。那時的臺灣大學雖然多受「自由派」學人之支持與維護，但是在一個個政治事件之後，明顯可見政治干擾學術的傷痕。

在政治上全面參與意識型態的鬥爭——在那時的臺灣是以三民主義對抗馬列主義——令臺灣的大學教育走上一定程度的政治化的路線。提倡純粹學術的努力雖然並非完全受到禁制，但卻舉步維艱，辛苦難當。一方面學術或知識之事要麼不去理會，不去從事，否則一經投入，它本身就有自己的標準和品格，不容易隨便受政治的左右。可

是在這個世紀裡，任何一個國家或地區都無法不去開發學術，發展知識，以利民生。所以愚民政策或「黨化教育」都不容易收到預期的效果。另一方面那時臺灣為了生存的需要，必須標榜自己為「自由」國家，站在所謂「自由世界」的陣營。這就令政治對教育的干預無法太過明目張膽，無法完全粗暴從事。例如，在那時候，臺灣的大學的入學招生做得公平公正，完全達不到「政治掛帥」的地步。

對於大學的通才教育來說，過去三、四十年，臺灣顯然處在政治的意識型態的強烈干擾之下。那些以「共同必修科」的名目出現在各科各系的非專業科目，其中像「三民主義」、「國父思想」、「中國近代史」等，不乏強調意識型態的正確性，遠甚於著重學術內容和時代意義。這類的科目由於不注重學術內涵的拓展，在大學裡頭差不多註定不可能受年輕學子的接納與歡迎。強制推行的結果，反而自毀長城，淪為末流。

這類帶有濃厚的政治意識型態色彩的「通才」教育，其無法達致「通」達，又無以培養經時濟世的人「才」，理由淺顯易明。因此只要大學的其他學制健全，不去過份理會這些學業要求，輕鬆視之，婉轉避之，那也就不直接危害整個大學教育的推行。何況上述的「共同必修科」除了政治上的意識型態科目而外，還有其他的學術科目。可是由於制度既定，運作形式欠缺靈活，連那樣的科目也不容易開發出真正的「通才」取向，充當道地的通才教育的功能。這時，通才教育主要仍然依賴個別學科，甚至個別教員苦心積慮的開拓和領導。

就在這樣沉悶的大學教育的環境中，臺灣也曾經展露過一點清新的氣息。五、六〇年代在美加基督教聯合會的資助之下，一所全新的大學——東海大學——在臺灣中部創立。這所大學之設顯然要繼承以往基督教會在中國本土辦學的宗旨。包括發揚基督教義，提倡中西文

化交流，推行美國式的文理通才教育。創辦時的校長曾約農（曾文正公之後）雖然不是人文學科出身，卻有中國的家學淵源，提倡智育與德育並進。接任的吳德耀校長出身舊日的教會大學，也深明大學的通才教育的理念和意義。所以大學創辦之初，的確在臺灣高等學府的悶局中，開放出一點新的氣象。十幾年間，也培養出一批為數可觀的人才。可惜，這樣的大學最後也敵不過當時的政治壓力，難以堅持原有的辦學風格，轉而參加其他的大學，同舟共濟，同生共苦。

過去十幾二十年，臺灣逐步走向政治上的開放。社會上本土意識抬頭，多元主義之風彌漫。在政治上又有「臺（灣）獨（立）」與「（回歸）統一」的紛爭。在這種動態的平衡下，追求開展進步的臺灣面臨著重大的教育政策的重新定向以及教育制度的改革問題。

就大學的通才教育來說，十幾年前臺灣開始在「通識教育」的名義下，討論在大學裡安排開設「另類」的大學通才教育課程（碰巧香港中文大學也在稍早的時候開始，正式採用「通識教育」之名）。其中，國立臺灣大學甚至在當時的校長的提倡之下，組織了校方的委員會，進行課程的設計、開設與教學。可是，這種另類的通才教育，雖然在內容上也許和西方（特別是美國）的通才教育比較接近，在體制上和在精神上，又要怎樣和原有的共同必修科所規範的通才教育交會互補或爭奪取代呢？

好在目前臺灣已經明定由教育部規定大學強制推行原有共同必修科的作法是種違憲之舉。從此大學在這方面鬆綁了，各自可以設計和開設適用的通才教育的課程。這是一個前所未有的機會。不過這個空前的良機在目前競爭激烈，講求實效，注重可見的效益的社會環境下，也帶來一個極富挑戰性的大難題：在現階段，臺灣的大學生需要甚麼樣的通才教育。這種通才教育的內涵需要和政治上的意識型態保持怎

樣的適當距離? 唯有認真回答這樣的問題，接著才能著手教學規劃和
課程設計。通才教育的日後發展才有一個比較明確的方向。（比如，
在臺灣有人主張在通才教育科目中，以臺灣史取代中國通史或中國近
代史。這問題到底是原則問題或是枝節問題，完全要看我們對於通才
教育的內涵和方向如何來加以釐定。）

　　接著讓我們也簡單扼要地回顧一下大陸的情況。百多年來西學東
漸的結果，在中國本土上的教育景觀也產生明顯的變化。配合西方物
質文明的引進，社會的變遷，生產方式的改變，許多制度也得相應地
加以調整重建。其中一個社會建設的主要環結就是教育的建設。舊時
科舉取士的制度在內涵上和在形式上全都無法滿足新興的社會要求。
普遍地設立西方式的學校制式，才能達到傳播新知，培養新社會的建
設人才之需。然而，中國畢竟是個文化古國，這個文化古國自有其立
國的精神文明。所以，不論學制多麼西方，所教的科目多麼現代，但
是為學的目的和教育的宗旨仍然深受中國傳統的價值觀、人性論和倫
理觀所支配。把中國近代的教育史壓縮來看，辦洋務，立新學以來，
中國全國的學制雖然多有改變，但基本上全都參照西方的制度，1922
年修訂的「新學制」更明顯地是模仿美國的學制而編定。學制如此，
但是內涵於學制之後的辦學精神和建校理想又怎樣呢?洋務運動之後，
中國一方面著手創造新社會，建立新秩序，可是另一方面舉國上下也
忙碌於「中學、西學」之辯。「中學為體，西學為用」的主張，從文
化整合的觀點看，雖然有其內在的困難和危機，可是這類的思想卻在
急於追求富國強兵的政治目標之下，一直纏繞著中國人的心靈。就以
大學教育的情況來看，百年來中國公立的大學固然承擔著發揮固有文
化的使命，就是私立的大學──比如教會來華興辦的大學，也無可避
免地周旋在倡導現代西方文明和恢宏中國固有文明的兩難使命和雙重

任務之間。我們如果詳加檢視，不難發現1949年前興辦於中國本土的教會大學也全部採取這種辦學方向，跨越在兩種不知如何協調，在現實上一強一弱的文化理念之間。這些大學也清一色地採取中國古訓作為校訓（或充當師生為學教育的座右銘）。

　　這類雜湊式的大學教育不容易顯現出真正的時代精神或創新的教育理念，最後只為了較為現實的目標做為辦學的宗旨——比如介紹新知，培養管理經營新社會的技術人才。加以中國自古以來政治領導學術和干預學術成為傳統，新中國社會的大學教育也因此難以開拓出自由開放、獨立進取的教育風氣。所以像五四前後的新氣象也很快變成過眼雲煙，曇花一現。

　　政治上的紛爭對立，更扼殺了本來已經薄弱的大學發展的生機。國共的政治、軍事和意識型態的鬥爭，令當時大學的校園普遍地政治化和意識型態化。純粹的學術精神和道德內涵的追求被政治的力量所扭曲變形。大學教育的理想無以伸張，大學的通才教育——不管是建制化的或是非正式而暗地裡流行的——往往淪為政治鬥爭中的政治教育的一部份。

　　這個情勢在1949年大陸政權易手之後，兩岸的教育發展——尤其是大學教育的建設中——很清楚明確地反映出來。臺灣的情況已如前述，在很大的程度上，那種情況的開展是對於以往在大陸上的政治失敗，「痛定思痛」後的改革。可是從另一方面看，那卻不是真正的純粹教育理念的革新，而只是為了因應政治上的需要的圖存策略，只是過去一貫主張，在大陸上無法有效推行的進一步貫徹實施而已。所以沒有甚麼進步的意義可言。可是大陸地區的情況又怎樣呢？共產黨成功地建立政權之後，急於運用馬列主義的意識型態來改造人民的思想，重建國民的精神。於是徹首徹尾的政治教育代替了容許自由開放的人

性教育。大學通才教育也在這樣的政治環境中走入一種困難重重的生態。

　　對於大學的通才教育的開展來說，普遍地以封閉的政治意識型態取代開放自由的教育精神，這只是令其受挫的其中一個重要因素。另一個可以說一樣重要的因素就是五〇年代開始的大學學制改革，全國上下跟隨蘇聯的學制，將以往綜合大學的制度消滅，而代之以專科大學或職業大學的學制，並且使用政治的意識型態對文科和社會學科加以強力控制和全面干擾。這樣的教育建制對於自由開放的大學教育理想，構成一種嚴重的打擊。等到十年的文化大革命，又將尊重學術之風一網打盡，連教育事業的最後根基都受動搖。

　　從這樣的發展關係看，文化大革命之後，在一般年輕人之間所產生的「信心危機」變成勢所必然，易於理解。教育失卻了建立文明人性的功能，它只成了政治的侍僕奴隸而已。大學通才教育的精神也就更加蕩然無存，無以恢復重建了。

　　這十年來建設文明社會的呼聲逐漸高唱入雲。相應地另一次重大的教育改革，特別是大學的學制改革，也將應運而生。不過五十年的建制和積習，以及在這基礎上建立起來的精神心態和利害網絡卻並不是一朝一夕所可以輕易扭轉的。十年來，我們看到大陸上「科際交叉」或「文理滲透」的課程慢慢開展。清晰明確的專科大學的限界也逐漸變得乏晰模糊。精神教育的呼籲、道德教育的要求、文明社會的寄望，又將捲土重來，重新為大學的通才教育的理念開闢出一條新的途徑，創造出一個有利發展的生態。

2.大學教育的理念與通識教育的理念——通才與專 才、通識與專精

要談論大學的通才教育，我們無可避免地需要將它放置在整個大學教育的情境下，才能對它加以比較明確的定位和闡述。因為通才教育並不是——或不應該是——大學教育的一個「分類」或「專科」,它照理是——而且應該是——大學教育的創辦精神和教育理想。

如果我們將大學教育當成一個社會的制式化、建構化的教育的終結，是一個社會培養人才的最後階段或最高層次，再上一層就是細密分門、區割別類的專門學術或知識的研究探討；那麼大學教育理該是造就具備遠大眼光、通融識見、博雅精神和優美情感的人才的高層的文明教育和完備的人性教育。這樣的教育是初級教育、中級教育的延長、匯聚和向上推展。它的目的在於造就足以領導社會走向更高文明，開展更美好的人性的仁人志士。它不只是一種智性的教育，也是一種德性的教育，更是一種感情的教育。

從這個角度看來，我們就很容易瞭解——並且深深賦與同情——為甚麼當年的北京大學校長蔡元培先生要致力提倡德育、智育、體育、美育的全面平衡教育。基本上，一切的教育都是為了培養健全的人性品格的「完人教育」, 大學教育更是要將這樣的人性教育推展到一個高峰或極致。

這樣看來，我們可以說大學教育的理想就是完人教育。這也就是通才教育理想。所以，從教育的理想價值上看，大學教育就是——或應該是——通才教育。只有通才教育推行成功，才算是大學教育的真正成就。

可是這樣的教育理想——特別是在大學教育的生態環境裡——卻

遭遇到重重的困難。這些困難有的與大學教育的基本理念有關，有的是時代或地區性的特殊問題所引致，另外有些則是推行的技術問題使然。

首先我們一方面很容易接受大學應該崇尚自由開放的精神，採取不斷革新進取的發展方向。可是另一方面卻體認到教育的事業多少都具有維護人類既有的文明成就，尊重文化傳統，肩負歷史任務的使命。前者往往是前衛性的，不顧歷史傳統的，後者卻常常是保守性的，不只計慮未來，也兼而心存過去的。這兩者並不是在理想上一定互為水火，永不相容。可是在實際演作推行的過程中，我們往往處於顧此失彼，難以兩全的局面。加以通才教育一定包藏著人生的價值取向，甚至蘊涵著人性的道德理想。這些價值取向或道德理想怎樣才能經得起大學自由批判精神的考驗，成為志士仁人的共識，這卻不是一個簡單而短期可以解決的問題。於是心存價值，服膺道德即使成為個人立身處世的方針，也不容易超然轉化而成為可以教誨他人的知識內容或品德指南。於是，在大學崇尚自由開放，追求獨立思考的風氣之中，知識的開發一枝獨秀，通才教育的精神與理想卻愈行愈遠。

崇尚自由和人性品格的追求並不互相妨害，兩者也不矛盾衝突。可是一般來說，知識可以在廣大的群眾間播種植根，可是價值品質的傳流往往不能只靠言教廣播，它必須依賴以情感情，以心動心的身教。然而現在這個時代，大學教育逐步變成大眾的普及教育的一部份。大學像知識工廠一樣，努力不懈地忙於製造知識產品，少有教師心存個別學生之品質，循循善導。加以教育政策總以可見可察的報表數字為重，學生又急於在激烈的競爭中追求學科成績表現，於是在大學裡只重知識傳授，一味講求學術研究變成無可敵擋的大學積習和風尚。

恰好這樣的潮流又很容易和其他的時代特性相結合，令大學通才

教育的理想一落千丈。比如，這個時代除了講究實效利益，注重短期成果，加強「客觀」包裝之外，標榜「多元主義」，奉行「認知主義」的結果也是令通才教育的推行事倍功半的重要因素。前者主張種種不同的價值理想之間，並沒有客觀的比較標準。而後者則主張知識才是唯一可以信持的東西，沒法成為客觀知識的東西，我們無從肯定它的價值。

儘管目前在小學比在大學容易推行品格教育，但這就表示在大學裡通才教育的理想註定失敗、前途無望嗎？

一件事情難以達成有時是欠缺良好的制度和適當的推行方法，因此進行起來事倍功半。可是有時候，也因為大家對於事情事理的誤解或曲解，因此進行起來沒有信心，失去把握，以致尚未成功，先言失敗，未加嘗試，疑難而退。

讓我們在這裡首先處理一下有關通才教育的一些概念上的事。我們也許明白地以為，或者隱含地感覺到，當今之世知識爆炸，專科林立，大學的教育只能順應潮流培養分科專家，不宜空虛妄想，冀圖教養通才之士。這是不可實現的夢想。從事教育的人，不應該立志於不可能有所成就的目標之上。

這樣的消極思想含有一些錯漏與謬誤之處，有待我們細心加以思辨澄清。首先我們要知道，通才之事不是黑白分明、一刀兩斷的局面。一個人是否通才是有廣有狹、有深有淺的程度區分。世界上沒有一個絕對的通才，也沒有一個絕對的反通才。大學通才教育的目標是提高通才的境界——放寬識野和提升胸懷，而且加強通才的品質——感情品質、道德品質、理性品質和全面的人性品質。由於通才與否是種程度上的事，因此如何修訂制度，改善方法以利進行通才教育就是我們所要面對的問題。

　　不過，在我們討論推行大學通才教育的制度和方法之前，讓我們強調另一種可能導致誤解的思想。那就是通才的可能性和通才如何培養的問題。大學不是要教育學生記誦事實，當做知識，變成一本本的知識全書。大學教育的目的在於開發心智，拓展潛能，以便服務人群，貢獻於人性。因此大學的通才教育的目的不是為了培養一個個在所有學術知識領域都是專才的人。雜多的專才集於一身並不自動構成通才。認識到這一點，我們也就看得出培養通才的辛苦，可是另一方面也明白那不是一件無望空想的事。

　　通才的要義在於融會貫通。融會貫通並不是只靠材料的累積或事實的匯聚就足以成事。融會貫通需要依傍眼界的超越和學理的深究。這樣看來，對於殊多學科進行表面粗淺的浮光掠影的認知並非通達通才教育的一條堅實大道。通才要求通透深入，否則只流於平泛庸俗。然而，這又要怎樣進行呢？答案是通才教育所要注重的不僅是認識上的寬廣界面，它更要力求從原理上和從方法上去透徹瞭解人生活動和人性追求的寬廣界面。強調原理、關注方法，這是通才教育的施教方向。通才教育需要講究原理上的深入和方法上的透徹，否則容易流為「次等的」教育形式。

　　這十幾年來，在香港，接著在臺灣和中國大陸，逐漸使用「通識教育」之名代替現代中文裡原有的「通才教育」。 如果這樣的轉名意在強調這個時代注重知識、認知至上的潮流，那雖情有可原，但卻不是無可厚非。只強調「識見」的通才教育容易淪為片面的知性教育。這種知性教育倘若做得不好，不易與專科教育並行發揮，遲早淪為次等課程；可是，如果做得好的話，又慢慢淪為專科教育的一部份，喪失了通才教育的實質。「通識」原與「專精」相對。在大學的教育中，我們可以發展專精而不排斥通才，發展通才而不傷損專精。如何令這

兩方面都能健全發展和長足進步，往往就得講究良好的制度和適當的
方法。

3.制度、課程與教學

　　任何一種人間的理想都需一套演作的方法將它加以推行實現。為
了確保這種理想不斷發揚光大，我們往往需將推行的方法加以建制化，
成為一種大家可以遵循的制度。大學教育的理想也是如此，它是通過
一套制度——學制、學規、課程結構和教學設計等——來加以實現發
揚的。

　　過去我們的大學建制多方面取法於西方的大學制度。那時，規劃
大學的主要目的也許比較清晰明確。一言以蔽之，就是培養領導人才，
創造現代化的社會與現代化的國家。那時，假定西方先進國家是現代
化的榜樣或範例，於是模仿西方，尤其在教育制度上效法西方，在教
學內容的制定上也承襲西方。就是外來的教會大學——其中一個任務
是宣揚基督教義——也在這種全面現代化的要求，以及以西化為現代
化的手段之首肯之下，顯得並非格格不入，而是有因有由，有理有據
了。

　　當然那時傳統的價值觀念仍然普遍深植人心，中國固有的道德規
範依舊左右一般人的為人處世。教育的革新也就無需特地去憂慮中國
固有的人生價值或人性道德的保持、改進或發揚。我們可以看得出，
直到五四運動風起雲湧的時代，許多振臂高呼西化的知識份子，骨子
裡大多仍然是典型的中國人。他們懷有中國固有的人生價值理想和人
性道德取向。

　　不過這樣的情勢早已變成歷史的陳跡。中國歷經了辛苦的政治鬥
爭和外來的意識型態的洗禮之後，固有的人生價值和人性道德即使沒

有崩潰淪亡，也變得搖搖欲墜，難以回天。加以整個世界性的社會潮流的蛻變，人性工具化，反道德化，非價值化——提倡工具理性，甚至工具感性（包括感情）之後，我們原來從西方移植而來的教育制度目前可能既欠缺西方的道德理想，又喪失了中國固有的價值取向。我們的教育——尤其是大學教育——只剩下知性層次，特別是工具層次的價值理想。它欠缺人生的情意價值和道德品質的追求。

所以如果我們回頭重新檢討我們的大學教育，重新思考大學的通才教育的理想，我們就不得不首先反省我們的大學行之已久，目前變得愈來愈堅實愈僵化的制度。我們必須認真追問，在現存的大學體制之下，我們能夠有效地進行通才教育嗎？我們能夠順利地培養出優秀的通才嗎？

簡單地說，人性工具化的結果，令教育事業步向工業化和商業化，短期的效益成了衡量教育事業是否成功有效的主要標準。就大學的情況來說，目前普遍的大學都走向「知識工廠」的實用道路。提倡研究只是為了開發新知，從事教學也只是為了進一步加入研究，製造知識。我們可以說，現在的大學並非志在培養人才，因此更不會志在教育通才了。

相反地，培養專才卻有助開發新知。因此充其量，目前的大學普遍地成為製造各行各業的專才的學府。

我們已經說過，幾類專才集於一身也不自動成為通才。培養通才和培養專才不但需要不同的眼光和理想，也必須設定不同的制度、課程和教學方式。目前大學的制度、課程和教學方式幾乎全都為了順應製造專才而設，這樣的建制和教學措施很難提供充當健康的通才教育的溫床。

首先從我們的大學學制來看，目前的大學學制基本上是以特定的

學科專業範圍為中心的封閉系統。大學裡的學系劃定了自己管理經營的知識範圍，並且在該範圍內求取學術問題的解決，增進該範圍內的知識。學系在自己獨立的範圍內培養專才，甚少受到系外的衝擊和挑戰。學系和學系之間欠缺方法上、題材上，以及教育的宗旨上的交流和溝通。一個個的學系幾乎成了一個個獨立自主的學術王國，自我設立學術標的，自我訂立教育目標。這樣的「分科本位」或「專科本位」的學制，在一個具有深厚的文化共識和堅強的人生價值信念的時代或地區，其弊端可能隱而不顯，顯而無害，因為專科本位的教育政策，至少在短期之內，尚未完全左右一個社會，尤其是知識份子的價值取向和道德認同。可是，現在這個時代，在我們的華人地區，情況就大為不同。

今天是個認知主義和工具主義風行氾濫的時代，知識的實用性普遍受到標榜和鼓吹，因此知識的力量普遍受到承認。加上文化價值的多元主義仍然困難重重，古典式的「客觀性」的追求依然大行其道。在這種潮流風尚之下，起先是捨價值而就知識，可是推展日久，甚至演變成為知識就是價值、知識才是價值、知識等於價值的文化心態。而今，在專科本位之下，知識的建構和傳播又不是相容一貫地全盤從事。我們只能分裂式地在各自的專科領域中建立起大家互不調和的價值取向。「隔行如隔山」的局面已經不只局限在認知的層次，這種分崩離析的情況已經深入人生價值和人性文明的層面。

這樣斷裂的知識規劃無從產生心智平衡的通才，其理甚明。不過，我們更要提醒自己，這樣的教育政策在文化價值和文明取向平順無礙的時代，最多只能製造出心胸狹隘的專家。可是在意識型態動盪，在文化價值和文明取向前景不明的時候，這樣的教育所培養出來的往往是些充滿偏見而不自知的「偏才」。潛心學術的專才也許與世無爭，

對人無害；可是熱心有餘，胸懷不足的偏才，就很難不做出有害文化、偏離文明的偏頗之事。這是我們今日大學教育的最大危機。

大學的制度的建立端看我們要推行何種大學教育而定。比如，前幾年香港中文大學在政府的壓力之下，放棄施行已久的四年制，改而採取名義上不稱為「三年制」，其實幾乎可以明說是三年制的「彈性學分制」。這種學制上改變，大大改變了中文大學的教育生態。學生不再有充裕的時間發揮自由想像，培養獨立思考，而只能專心貫注課堂所學，在狹窄的教育生產線上給人塑造成專門學科的血肉產品。這種學制的改變對於專門學科影響不大，我們總是可以重新設計課程，安排教學模式，以適應專科學習的要求。可是通才教育的理想卻不容易在壓縮的時間裡順暢發展，收穫成效。這是今日大學學制普遍轉向專科本位的又一明證。當然，並不是四年制的大學必定適合推行通才教育。那還得看大學的課程如何設計安排，大學的教學如何推行實施而定。

目前我們大學的課程顯然在很高的程度上表現著「專科本位」的特色。我們的學系針對自己學生開設的課程很少需要外系的參與和溝通。這是一種頗為封閉而獨立自主的課程經營方式。支持這類作法的最大理由當然是「專科權威」的自由自決。可是這樣的專科權威固然志在維護自己專科學術的成就，並且心存該科未來的發展。只是專科權威在計劃專科課程的時候，未必需要設想整個大學的教育理想和辦學宗旨。他們很容易臣服於自己專科內部的習慣，只顧發展專科的方便，而忽略大學培養通才的目的。其實，專科關起門來自我發展，本身就有「近親繁殖」的弊端，基本上違反大學自由開放，積極進取的精神。

在這樣的封閉的專科課程結構之下，推行通才教育變成一種外來

的干預和滲透。往往在一開頭就受到制度上的阻力和實行推展上的難題。

比如目前兩岸三地號稱「通識教育」科目的通才教育課程，很少是由學系本身，鑑於自己課程涵蓋面的狹窄或教學上的方法局限，而主動設計推行的系內科目。一般來說，目前大學的通才教育常常委諸一個專職的委員會，甚至創設一個特別的教學部門，用以負責設計和推行大學的通才教育。

就目前行之有年的一些大學的「通識教育」課程來看，有兩種頗不相同的授課組織值得我們提出來略加比較。有一類的大學——比如臺灣的清華大學——創設一個專職的教學部門，有自己的教員，負責從事全校的通識教育課程的講授。另外有一類的大學——比如香港中文大學——只創立一個統籌的辦公室，實際通識課程的教學工作，則由全校各個學系分別負責。這兩種組織安排各有它行政上的優點。可是如果談論大學通才教育的理想和精神，那麼專職的一個教學部門，不論有多少教員，所能開設的課程常常不夠廣闊，不夠多樣，不能隨時提供新課。實行久了之後，有時因為教員的學術專長所限，也容易產生「近親繁殖」的弊病。可是最大的缺陷還在於把通才教育當成由少數人負責推動的「特別學科」，多數的教員沒有參與其間，而置身事外，未能將其才華貢獻到整個大學的通才教育大業上。這樣下去，如果推行得不好，慢慢無依孤立，通才教育課程可能愈演愈變成大學繁多科目中的一個專科而已。到了這個地步，通才教育的精神也就蕩然無存了。

所以由大學眾多學系分擔負責共同開設通才教育科目似乎是一個比較符合通才精神，比較容易獲得通才效果的制度安排。它的好處在於容易吸納各種學科內的精華，不斷創新，為整個大學的通才理想注

入由各專科傳送而來，不停更換的血液。大學的通才教育理應是全體教員的責任，愈多教員參與其事，其成功的機率愈高，其功效也愈容易彰顯。從推行的策略觀之，將通才教育教學帶到眾多不同的學系往往可以產生積極的催化作用，從觀念上，從態度取向上，以及從教學措施上推廣和深化通才教育的理念。今天我們應該努力提倡各個專科的通才化或通識化，吸納各科各門的專科共同參與通才教育的教學工作，這是專科通才化的第一步。

　　從通才教育的觀點看，我們今日的大學不但在制度上出了問題，在課程設計上有了偏差，就連在教學的安排和教學方法上也出了差錯。

　　前面說過，真正的通才教育需要講究優越的深度，只是膚淺平凡的表面知識的匯集，並不足以構成通才教育的教學內容。因此在教學上第一個錯誤的觀念就是將「通識課程」與簡單化、通俗化的課程等量齊觀，以為將一門深奧的專科課目講解得淺顯易懂一些，也就符合通才教育的要求。這是極大的錯誤。和這個錯誤幾乎如影隨形，互為表裡的是另一種教學心態。那就是在通才教育的課程中對學生放寬要求，提高分數；少做作業，多給合格機會。這是通才教育教學上的一個致命傷。許多原來可以發展得良好的通才教育課程，往往因為教員的鬆懈放任的教學態度，而敗壞了它的功能。有時甚至帶給通才教育不良的聲譽。

　　我們說過通才教育的課程應該注重原理和方法論的探索。然而對於人生、人性、文化和文明而言，一切原理性的東西都注重反省闡釋；同樣的，凡是方法論的東西都講求創造發明。因此，通才教育——正好像一般的大學教育一樣，因為通才教育正是大學教育的精神——注重自由的探索和開放的討論。可是甚麼樣的教學方式最能夠培養並且增進這樣的探索風氣和討論習尚呢？目前許多大學的教學方式逐漸和

中學的教學方式看齊：注重答案而不重視方法，講求客觀標準而不鼓勵反思、批判、想像和創新。今天許多大學課程的考試使用「是非題」、「選擇題」這樣的「客觀」答題方式，沒有善於利用寫論文作報告的運思方法。這對大學教育是一個重大的打擊，對於通才教育的精神更形成一種破壞的力量。

4. 大學教育和大學通識教育的再思考——深切改造或局部革新？

相對於理該擁有的大學教育理想和通才教育精神來說，我們今日的大學教育是否已經積重難返、回天乏術呢？從一個實際運作的觀點看，今日我們的大學教育，無論在制度上、在課程上，以及在教學上，的確走在一個「大勢所趨」難以挽回的專科導向、偏才是務的道路上。一般我們所培養的，對於人類文明來說，不再是人才，更談不上通才；我們教育出來的最多是狹窄的專士，有時甚至是些無法平衡地面對人生，對自己的生命不一定有益，對他人的生存可能有害的偏頗之士。

環顧今日的世界，在教育上普遍講求工具效益，而不注重教養成果；追求適應生活的醫療作用，而不關注開創純真感情拓展高超道德品質的功能。我們大都無可奈何，或者心有餘而力不足地止於講求客觀性的「言教」，而無法、無能或無意置身於需要生命投入，必須情理兼備，講求個性、追求獨立自我的「身教」。在大學裡頭，這樣的局勢更走上極端。我們的大學這樣演變下去，快要變成一批沒有面孔的教員面對一大群一樣沒有面孔的學生，聚在一起播放學問，製造知識，從事不知有何文明意義的研究工作。

事實上，近來我們不顧品質，增加大學數目，降低標準，普遍收納大學學生。這種大學教育在數量上的普及化，配之以大學教育在品

質上的降低，已為大學教育在根本的「存在依據」上敲出一陣嚴厲的警鐘。今日，為了普及大學教育，專科院校普遍升等變成大學。表面上，這是專科院校的「大學化」。可是如果品質沒有改進，教育精神不能提升，結果你仿我效，最後演變出來的結局可能正好反其道而行。專科院校沒有成功地大學化，原有的大學反而快速地加以專科院校化。現在我們的一些綜合大學是否愈來愈像是雜多專科院校的匯合，它們結合在一起具有共同的教育理想和教育精神嗎？

和大學專科化的趨勢並起共生的，也是普及教育的潮流在背後興風作浪的結果的，是另一種威脅大學存在依據的趨勢。那就是大學的「中學化」。如果我們退一步來看，即使目前大學的制度和課程都適宜推動理想的大學教育，但是在教學上我們是不是因為不必講究通才教育理想，而將大學的教學活動變得制式化，甚至機械化。我們不再努力開展自由開放的教育，不再鼓勵批判反省的為學方法，不再講究創新發明的研究方向？

如果有一天，大學只是中學的分科延長，而沒有在教養的品質上比起中學的教育有所提升，那時大學再也沒有理由佔用龐大的社會資源，推行一些中學也能夠推行的教育。那時社會上普遍設置「超級中學」就可以既經濟又有效地取代大學的社會功能了。

所以我們仍然要從大學的文化功能、文明成效和人性的開展上去觀看大學存在的價值。我們也必須從這個角度去思索大學改革的方案。

對於積重難返的局勢，我們只能出以深切徹底的處方。相對於大學通才教育的理想來說，我們今日的大學制度、課程和教學似乎已在積重難返的邊緣。所以讓我們在這裡首先提出一種深切改革的方案。

要改造大學教育，第一個要打破的就是門戶深重、壁壘分明的專科取向的制度、課程和教學。而為了令這類改革能夠順利進行，第一

件值得我們認真考慮的重大的帶頭改革就是大學學系門戶的破除或開放。學生不再從入學開始專心致力於一個主修的專科，而能將自己的精神和時間充分利用，投入文化的、文明的、原理的和方法的，以及目前種種專科的分科領域問題及跨科交流問題的探討，從而養成獨立思考和批判創造的能力，以便進而對人生價值和人性文明有所增益，有所發揮。

在制度上打破了主修為骨幹的專科取向，沒有了學系本身不可放鬆的專科規定之後，大學課程的設計也就顯得海闊天空，無阻無礙。總括來說，一個注重通才精神的大學，在理想上應該開設下列各種課程，供學生有計劃地攻讀選修：

⑴有關文化發展和文明成就的科目。

這類科目旨在介紹人類各個地區的文化發展的情況和趨勢，並且強調在各個文化裡開展出來的文明成就——包括精神文明與物質文明上的成就。人類文化多源和多面發展的結果，一方面呈現多元價值的相異取向，可是另一方面在衝突、爭戰、壓抑、對抗之餘，各文化之間也生發彼此瞭解、互相溝通和共同包容的意願和胸懷。不必講究統一，但卻可以彼此欣賞，甚至可以截長補短，講究同情，追求共鳴的「世界文化」，將可以在各別文化多元互補，百花齊放的生態下逐步形成。在這樣的力求理解，倡導溝通的努力中，認識人類已有的文明成就，涵養保愛文明成就的心懷，這是繼續開發文明，並且進一步鞏固和發揚人性的文化基礎和情理依據。

因此在設計和講授這些科目的時候，我們的注意力不宜只是放置在事實的鋪陳以及歷史脈絡的交代，我們應該注重文化建樹的價值理念以及文明進展的辛苦情思和心願。人類的文明不完全憑藉堅實的理論去開展，許許多多的文明成就往往依靠實際生命的個例為榜樣加以

推廣發揚。所以，這類的科目不宜停留於理論的探討。這類科目應該注重實例的考察，從而引發我們認同文明的理想，培養參與維護和發揮文明的心志和願望。基本上，這類文化和文明的教育就是一種人性教育。人性教育是通才教育的基礎。

(2)有關知識基礎原理和認知方法論的科目。

這個時代是知識駕馭其他一切文化成果的時代，知識的追求掩沒了情意的追求，知識的效應代替道德的力量，知識的成果取代宗教的理想。可是，知識只是文化的宏大成果之一，認知的秉性也只是文化人性中的一個環結。我們應該通過基礎原理的考察對人性知識給與一個適當合理的定位，並且經由認知的方法論的探究，檢查認知活動的功能和極限。在探討文化和文明的脈絡中，宏觀而批判性地對人類知識成果和認知活動給予積極而具有開創性的評價。在這樣的科目中，如何平衡知識的考量和價值的計慮，如何採用知識來建立道德以及如何心存道德去回顧知識等等成了富有教育意義，能夠引發批判心智的課題。理性是文化人性的一大支柱。對於人類的知識成果和批判性的認知活動的探討將能夠帶引人類進一步反省理性、闡明理性，並且進一步再建重構理性。只是訴諸工具理性，人類的生命可能仍然漫無目的。我們必須在文明演進中，不斷規劃人類的理性。所以這類的理性教育也是一種人性教育。它也是通才教育的基礎項目。

(3)有關情意開展和感情養育的科目。

在重知識、重認知的時代裡，我們往往遺忘了包括情意、感受、心懷、胸襟、感情等等的感性也是人性的一部份——它與理性一樣，是構成文化人性同樣不可或缺的一大支柱。同樣容易被忽略的是，感性和理性一樣都是在人類的文化生態中陶養成就的，也都各自具有它的文明理想和文明價值。只重知識的結果，往往令人將感性貶為次要

的人性成素，甚至視作純粹主觀、沒有依據的私人感覺而已。不過，我們不要忘記，追求知識的深入從來不是人生和人性的唯一目的和理想。現在，在大學裡，視覺藝術的科目、音樂的科目，以及其他分類的和綜合的藝術科目，很少受到普遍的重視和提倡。這種局面大大扼殺在大學裡開發人生情意和培養人性感情的機會。現在許多人把感情當成表面的感覺，把感情工具化，把感情視作隨意的喜好，甚至把感情當成人性的「剩餘價值」，使用一顆用完即棄的心。這樣的現象不只意味著人類感情的沉淪──以及一般人類感性的沒落，更重要的是，它也道出我們人性的偏頗，指出人性的缺憾。那是文明頹廢萎縮的象徵。我們現在經常意識到地球生態環境的破壞，因此極力推動地球的環保運動。可是我們有沒有更加關心人性生態的破壞，努力倡導人性的環保呢？感情的環保是目前最需盡心投入，全力以赴的人性環保。放棄知識至上的偏頗心態，揭開認知主義的迷霧，努力開展人生情意，養育人性感情，這是感情的環保的首要工作。通才教育是人性的教育，我們不能忽視感情的教育。

　　⑷有關各類知識專業的內涵、邊界、理論、問題和發展方向的科目。

　　這是一些分科專業的科目。但是為了達到通才教育的目的，科目的內容和教學需要重新加以編制和修改。既然大學的教育重在通才教育，那麼每一分科的開設目的都不是為了教養狹窄見識的專才。因此在內容的涵蓋面上，以及在衡量學說觀點的投影角度上，都應該採取更加跨科、更加融會和更能引發思索批判的教育精神和教學方法。教養專精和培養通才是否能夠不相抵觸，是否能夠並行共存，而不引起壁壘對立，不製造矛盾緊張，這類科目的設計和教學關係重大。

　　這類大學課程的設計推行，不只意味著不同「學分」的要求。更

重要的是，它包涵著整個教學心態的改變。在這樣的深切改革之下，一所大學的畢業生雖然沒有一個明確無疑的「主修」科目，但卻可以同時有兩三個，三四個，甚至四五個不同的學科匯聚點。這並不是不可能做到的事。

　　當然，我們也許無法一蹴而幾、一呼百應地進行如此重大的改革。人類的制度有它的傳統，因此有它的惰性。大學的制度也是如此。我們常常必須由局部改革 —— 甚至多方面的局部改革做起。如果是這樣的話，上述的第⑷類課程的建立，逐步取代目前太過專科導向的分科課程，加上部份的其他三類科目的逐漸引入，也許是最切合實際，最容易進行的局部改革。這樣的局部改革，用一句簡單的話來說，可以稱為「專科通才化」的策略。只有採取這個策略，我們的大學通才教育才能做得愈來愈合乎理想，愈來愈有深刻的內涵，而不致於停留膚淺表面，事倍功半。

1996年11月15日

通識教育與現代社會

0. 教育的意義和目的

　　如果我們放寬眼界，不僅僅局限於人類的所做所為，那麼堪稱為「教育」的，事實上是一種普及於動物界的慣常習見的活動。長成的動物示範給年幼的後代看，如何捕捉食物。那是一種教育，一種大對小的教育。一群動物合力圍捕獵物，因而精進覓食技能。那也可以算是一種教育，一種群體配合的教育。一隻動物因接觸某類東西，而弄得滿身難堪，以後也就敬而遠之。那也可以說是一種教育，一種自我的教育。

　　這樣看來，對動物而言，教育是種增強求生技能，增進適存潛力的養成活動。對於個體來說如此，對於群體來說也是如此。好在一般的動物都生存在一種比較單純的生態環境裡。牠們的生活內容和生命形式也因而比較簡單，比較固定。比如，許多動物的生活內容常常局限在獵食求生，競爭求偶，哺養育幼的活動之上。牠們的生命形式也長久沒有顯著的改變。遇到能力不足，競爭失敗，個體往往無法繼續生存。就是整個群體也可能在物競天擇之下，絕種消滅，不復續存。

　　然而人類就很不同。人類演化至今，比起其他的動物來說，生活在極端複雜的生態環境裡，不只自然的生態環境，還有人工的生態環境；不只公眾分享的生態環境，還有個人獨有的生態環境。讓我們這樣想想：人類不僅生活在物理的環境之中，他也生活在社會的制度之

下；他生活在物質的世界裡頭，他也生活在精神的世界之間。他生活在歷史文化的傳統下，他生活在感情的脈絡，道德的規範，個人的品味和志節的層層聯網裡面。

　　由於人類生存在極其複雜多樣的生態環境裡，因此他的生活內涵也相應地豐富而多姿，他的生命形式也就比配地靈活而多變。這樣一來，談論人類的教育，思考教育的意義和目的時，我們的談論範圍也就變得多層次和多面相，我們的關注焦點也因此變得多元化和容易交相重疊。

　　當然，沒法成長的東西談不上對它施加教育。因此，只有能夠成長的生物才是施加教育的對象。一種生物若缺乏某方面的潛能，也就談不上在該方面對那種生物施加教育。所以，當我們對某生物施加教育時，我們假定該生物在某方面具有潛能。更進一步來說，如果一種生物天生自然地必定能夠達到某種境地，除非要加速令其抵達，或者要減緩不令其很快到達，或者要改變另一種樣式令其達至，否則也談不上是教育那種生物，令其達成該一境地。可見教育不是根本上的無中生有。那是創造，不是教育。教育也不是完全違反自然，完全不顧潛能地弄假成真。那是魔術，不是教育。

　　顯然地，人是能夠成長的動物。顯然地，人也是具有潛能的動物。所以對於人類來說，教育的意義在於開發人類個體的潛能，令其充分成長，以應生活之所需，以應生命的要求。

　　然而，我們可以如此籠統地道說人類教育的目的嗎？人類的教育是為了滿足人類生活之所需。可是我們的生活到底所需什麼？我們個人所需什麼？我們的集體又所需什麼？同樣地，人類的教育是為了因應人類生命的要求。可是我們的生命到底要求什麼？我們個人要求什麼？我們的集體又要求什麼？

　　其他動物的生活內容好像集中在覓食、求偶和育幼。可是人類的生活內容既豐富又多彩。其他動物的生命形式好像主要在於適存和續存。可是人類的生命形式既高深又多變。在生活上，我們不單只是追求溫飽，追求終生伴侶，追求傳宗接代。我們往往無視這些方面的滿足，甚至反是為之，改而追求感情的純潔，愛情的真摯，道義的堅深，德性的高貴。我們不只追求生活有保障，我們追求生活有意義。同樣地，在生命上，我們不單只是追求適應生存，追求繼續活著，追求繁衍後代。我們往往無視這些方面的保障，甚至反是為之，改而追求立志自許，追求情懷優美，追求提高生命境界。我們不只追求生命的持久，我們追求生命有價值。

　　所以談起人類教育的目的，我們不能只是含混地說是為了生活的需要，為了生命的要求。人類不只要求生活有保障，他要求生活有意義。人類不只要求生命能長久，他要求生命有價值。也就是說，人類演化到如今，已不再只是個自然人。他是社會人，是文化人，是文明人。他是理性的人，是感情的人，是道德的人，是意志的人。他是具有文明人性的人。

　　這樣一來，與其說人類教育的目的在於滿足生活的需要，在於獲致生命的要求，不如說教育的目的在於開發人性，使一個人的生活有意義，令他的生命有價值。因此，人類的教育是人性的教育。教育的工作旨在促進人性的開展，導引人性的塑造和重新再塑造。

1.完人教育和分類教育

　　由上面所說的看來，文明人類的教育就是人性教育。教育的目的在於培養一個個富有人性的人，令其生活有意義，令其生命有價值，令其在一生一世之間繼續發揚人性，再塑人性，活出一個人性的好榜

樣。從理想上看，人類教育的目的在於培養一個個具有完美人性的人。因此，人類的教育就是一種完人教育。

可是，人性具有豐富的內涵。而且因為人性並非天生自然，而是人類處於自然和文化生態中，長期演化出來的成果。因此，培養完美的人性並非垂手可得，一蹴而幾的事。一方面我們需要瞭解人類所處的自然生態，以及人類在漫長的年代裡所開創出來的文化生態——風俗習慣、社會制度、語言和記號、政治經濟形態、情意體系、學術建制、文學藝術傳統、科技及工商業之類型等等。另一方面我們需要通過自己的實際經驗，參考比對歷來其他人的實踐記錄，瞭解人類的潛能和局限，檢討過去的成功和失敗，體會文明人性的成就，懷想人類至今未曾了卻的心願，從而省察思慮人類的理性、感情、道德、價值、意志和胸懷。這些是屬於認知格物上的事。我們需要知己、知人、知天、知地、知時、知事，我們才知道在文明的道路上，在人性的進程中，我們到底可以怎樣走下去，我們到底要怎樣走下去。

培養完美的人性不僅需要客觀的知識和深入的體驗，它更需要繼續不斷的修養，甚至勤勞辛苦的鍛練。認知上的演作只建立我們的概念，修訂我們的想法，完成我們的主張。我們必須通過實踐，通過修養和鍛練，才能堅定我們的概念，充實我們的想法，體現我們的主張。人性內涵中的諸多事物，全都有體認和修養的兩個層面。知識學問有它的體認和修養。品格道德有它的體認和修養。心意感情有它的體認和修養。價值境界有它的體認和修養。胸襟意志有它的體認和修養。總而言之，文明有它的體認和修養。人性有它的體認和修養。

教育是培養完美人性的事業。完美的人性有它體認的層次，完美的人性也有它修養的層面。所以，教育有它造就體認的領域，同樣地，教育也有它成全修養的範疇。

　　就人類的個體來說，他的身心由幼弱而成長，他的潛能也因而可以擴大而發揮。他可以更加廣含，更加有效，更加深入地把握他所在的自然生態和文化生態的賜與，開發善用這些生態環境，增進文明，令人類的生活繼續富有意義，甚至變得更有意義。令人類的生命繼續充滿價值，甚至變得更有價值。

　　為了這樣的目的，為了令個人的身心得以成長，好發揮並加強他的潛能，自古以來，人類創造發明了種種不同的教育體制，設計建立各式各樣的教育方法，實施進行層層有別的教育活動。從家裡的教養，群體社會的管教，到制度化的各級學校的教育。從根本上看來，所有的教育全都牽涉到「知」的層次和「行」的層次，就是我們所說的體認的層次和修養的層次。可是由於教育體制的不同，教育方法的差異，以及教育活動的分別，知和行這兩方面的強調分量以及彼此配合的緊密鬆疏也就大有不同。比如，在非正式的家庭教養裡，我們容易發揮身教的功能，培養感情，成就道德，建立意志和品格。可是相反地，由於家庭長輩的經驗有限，知識不夠全面，因此很難在知識的教育上發揮廣博而深入的作用。於是各種形式的學校也就應運而生，滿足人類追求知識的需要。這時，感情、道德和品格的教育常常只是知識教育的副產品。同樣地，教人者和受教者之間的各種關係，也大大影響教學的品質，決定哪類的教育進行起來比較容易生效。比如兩者之間關係的親疏，就常常影響教育的成果。親近的關係容易引起互相的投入和彼此的共鳴。這在教養感情，培育品格方面顯然積極有益。可是保持適當的距離，卻有助於維持客觀，促進公平。這對知識和技藝的傳授又能產生正面的功效。此外，像兩者在數目上的關係，也常常能夠左右教育的效果。比方，古時候一對一，或者一對少數的師傅與學徒之間的關係，不但促進技藝的傳遞，有時更能造就風格的繼承。而

今，在一對多，甚至一對極多的關係下，往往只能達成知識的籠統獲益，技藝的一般傳習，不能保證任何感情的教育，道德的教育，或品格的教育上的效果。

不過，由於人生的成長可以區分不同的階段予以教導加強。比如稚幼時期、少年時期、青年時期，以及成年時期。每一階段各有它最適合的教育內容、教程安排和教學方法。分段實施往往更能達到教育的目的，更能收取教學的效果。此外，完人教育所需的體認教育和修養教育，知的教育和行的教育，常常也可以分門別類，分流施行。別類分流的教育往往能夠促進分科內部的精緻化和深刻化，使教育的目的更加突顯，令教學的成效更為明確。比如科學的教育和藝術教育就可以分流進行，因為培養科學認知和造就科學精神，以及栽培藝術知識和養成藝術情操之間，各有不同的方法要求和著重要點。因此各自分流進行容易達至內部的專精和深入，加強教學上的效果。

人類創制的文化愈來愈複雜多樣，人類衍生的文明內涵愈來愈豐富多元，因此知識學科的品種和數量也與時俱長，與日俱增。這樣一來，教育專業化的趨勢，以及分階分期的教育措施與分類分流的教育導向，成了我們發展教育不可避免，甚至是唯一可行的進路。問題在於：當我們採用這樣的教育模式和教學方法時，我們有沒有在立意上，在設計上，在實施上，心存完人教育的理想，注意知的教育和行的教育的銜接，關懷文明人性的塑造、再塑與開展。

我們需要從這個角度來觀看現代社會裡的教育，觀看所謂「通識教育」在現代社會裡的功能，討論「通識教育與現代社會」。

2.現代社會裡的教育情狀

每一個時代都有它種種的特點，每一個社會都有它各式各樣的文

化面貌。我們的時代，我們的社會，自然也不例外。現在讓我們舉出一些現代社會的特色，檢討一下這些特色如何影響我們教育上的理念、設計與實施。

首先我們明顯地覺察到這是一個科學和科技的時代。我們甚至可以說，這是一個大家為了追求科技的發達和成長，而從事科學的時代。在這樣的科學和科技的時代裡，我們講究實證的精神，看重實驗的方法，注意實用的成效，甚至養成不斷以新換舊，出奇鬥異的心態。這樣一來，那些不是實證的，不是實驗的，沒有短程效用的，沒有與科學或科技牽連掛鉤的，也就受人懷疑，受人冷待，甚至遭人輕視和遭人排斥。這樣一來，在教育上知識的傳授受盡青睞，一枝獨秀。特別是那些可以演出科技的知識教育，更成為現代社會爭著發展，努力投入的教育範疇。

科學和科技的發展帶來許多重工業和尖端工業的發達。其中國防工業，軍事工業的進展最是受現代國家，尤其是現代的大國所重視，直接左右教育資源的分配。除此之外，科技的發達不斷增加人類的物質享受，滿足人類追求新鮮，追求刺激的感性生活要求。這樣一來，科技文明更與工商文化，特別是消費主義和市場經濟連環掛鉤。在這樣的時代精神和社會風氣的興風作浪，搖撼震盪之下，教育的事業也不知不覺，或有知有覺地走向專業導向，走向職業導向，走向市場導向，走上經濟效益導向——特別是走向短期的經濟效益導向。

二十世紀是一個人類新知突飛猛進的時代，是人類知識大爆炸的時代。在這個追求知識，重視知識，甚至唯知識是尚，唯知識是務的潮流風尚裡，我們很容易養成一種心態，那就是認為只有知識才是客觀的，甚至主張只有知識才是可以「客觀化」的東西。在這種社會心態下，我們也就順理成章，甚至理直氣壯地試圖將教育的內容全面加

以「知識化」，加以「客觀化」，甚至加以「標準化」。這樣的做法，對於完人教育的理想，殘害至深。人類的文明並非全部都可以直截了當地加以知識化，可以不偏不倚地加以客觀化，更不要說可以整齊劃一地加以標準化。設想，感情深淺之分要怎樣完全加以知識化？道德高下之別要怎樣完全加以客觀化？藝術境界空靈庸俗之辨要怎樣完全加以標準化？一味追求所教的內容要能知識化，要能客觀化，要能標準化的結果，使得我們今日的教育事業在涵蓋面上，在所發揮的功能上，在其文明價值上，大大萎縮，大大退卻。現在我們的教育最多只能劃地自限，把我們的眼光和能力局限在知的教育的層次上。事實上，即使在知識的教育上，我們也未必真正能夠培養知識上的開天闢地的心智，造就知識上的創造發明的人才，因為我們太過講究客觀內容，因為我們太過注重標準答案。當然，在另一方面，由於講究客觀化和標準化，我們對行的教育，對修養的教育總是舉步維艱，進退維谷。在這方面，我們幾乎交了白卷。

恰好，二十世紀又是一個個人主義抬頭，人人爭取解放，大家要求解構的時代。反抗種種傳統，抵制各方權威的結果，造成廣大深遠，普遍徹底的價值多元，道德中立和感情抽離。這種拒絕價值上的堅持，不欲道德上的取態，不想感情上的投入的風氣，一經形成風行，更進一步加深了知與行之間的鴻溝，令人將行的教育當作無根無據，將修養的教育視為窮途末路，視為過時之務。

教育專業化和教育市場導向的結果，令一般人注重短期效益，尤其是那些可以藉著統計數字所表現出來的功績與成效。剛好知識上的教育遠比修養上的教育，更能客觀量化，更能統計表達，於是在教育事業上傾向知識傳授一面倒的進路也就勢如破竹，無法抵擋。

今日，許多事情都被人加以「政治化」。公共事業最是如此。教育

是公益之事，因此也經常以公共事業的姿態出現。於是在當前的時代潮流和社會風氣之下，也就普遍地受到政治化。這對教育事業，尤其是對完人教育的理想產生了深遠的影響。

教育政治化的一種最明顯的型態就是政治意識型態的輸入。在教育的理念上，在教育的策劃上，以及在教育的實施上灌輸政治意識型態的結果，徒令教育事業的理想僵化而失卻人性的平衡與靈活，也令教育事業的目的走向偏頗而無視文明開展的多樣多元的可能性。

人類有多方面的潛能，可以開展出多元的人性文明。人是理性的動物，人是感情的動物，人是道德的動物，人是價值的動物，人是意志的動物。教育的意義在於開發這些多方面的潛能，令文明的發展更加豐盛，令人性的塑造更加完美。當然，除了上面所列舉的屬性之外，人也是社會的動物，人也是經濟的動物，人也是政治的動物。可是過分強調這些屬性，而不理會多面的發展，而不關注多元的開拓，往往令人類文明走入狹隘而萎縮，令人性步向偏激而僵化。我們不一定可以完全清除政治上的意識型態。可是在教育事業上，我們必須以完人教育的理想統御一個時代或一個地域的政治意識型態。這樣，教育的事業才可望成為「百年樹人」的千秋大業，而不是一時一地的政治侍僕。假定我們反是為之，以一時一地的政治意識型態駕御教育事業，推而廣之，一意進行的結果，我們容易塑造出獨斷的理性，培養偏頗的感情，創制狹隘的道德，建立片面的價值，成就專橫的意志。人是理性的動物，但我們應該發展開明的理性，而抵制獨斷的理性。人是感情的動物，但我們應該孕育平衡的感情，而克服偏頗的感情。人是道德的動物，但我們應該建立廣含的道德，而不是狹隘的道德。人是價值的動物，但我們應該開創遠大的價值，而不是片面的價值。同樣的，人是意志的動物，但我們應該修練超凡的意志，而不是專橫的意

志。完人教育的理想在於開發人性潛能，塑造人性，並且再塑人性，使其臻於完美。使人成為開明理性的動物，成為平衡感情的動物，成為廣含道德的動物，成為遠大價值的動物，成為超凡意志的動物。

本來二十世紀是個追求解放，要求解構的時代。可是人類的歷史往往不斷在重蹈一種悲劇的循環。為了避免一種錯誤，我們掉落到另一種錯誤之中。為了救助文化上的一種獨斷、偏頗、狹隘、片面和專橫，我們跌入新文化的另一種獨斷、偏頗、狹隘、片面和專橫。因此，本來是面向傳統，挑戰舊文化，講求解放和解構的文化運動，社會運動和政治運動，可是進行起來，卻開創出另一個同樣困人，同樣惑人，同樣傷人的「意識型態的時代」。

現在經歷了意識型態的世紀的煩惱和痛苦之後，人類又要重新醫治他的文化傷創了。可是，我們會不會又走向另一個極端呢？我們會不會為了遠離政治意識型態的束縛，而摒棄一切不是狹義的知識領域裡的東西，將所有不是科學和科技的東西，全都當成意識型態，而加以忽視，加以輕視，加以敵視，甚至加以抵制，加以排斥呢？這在教育上又產生唯認知是尚，唯科學是崇，唯科技是務的心態。果真如此，這又成為今日振興教育事業的大敵，成了今日提倡完人教育的絕大障礙。

最後，值得我們一提的是，現代我們的社會結構和經濟結構的改變，也令教育事業變得孤立無援，難展難伸。假如我們將所有的教育，大致分為家庭教育、社會教育和學校教育，我們可以看得出今日由於小家庭制度的風行，由於家中長輩大都投入生產事務，而無暇旁顧的關係，家庭教育成了整個教育連鎖之中，最為薄弱的一環。很多家庭都無法積極投入子女的教育，甚至根本自外於教育之務，將教育的事完全當作是社會的責任。比起以往的時代，人類不再是很鮮明很密切

的家庭的動物。人成了一般的普遍的社會的動物。這對教育，特別是修養的教育產生諸多負面的影響。家庭不再是涵養感情，砥礪意志，建立道德，完成品格的重要地方。可是，我們的社會又怎麼樣呢？它能不能擔當有效的教育角色呢？今日我們的社會走向高度的工商化，高度的專業化，高度的市場導向和消費主義導向。加上個人主義的思潮方興未艾，價值多元的意識高昂澎湃，除了功利和效益，尤其是短程利益導向而外，我們的社會很難提出什麼明確的教育指標。對於完人教育的理想，更令人覺得陳義過高，遙遠莫及。於是，我們的教育重擔也就完全落在學校教育的肩膀上。今天，我們的學校，在教育的承擔上，成了廣大社會裡的孤島。今日從事教育的人往往是有理而無助，有心而乏力的一群任重道遠，前路茫茫的「專業人士」。

我們的教育事業到底遭遇什麼根本的問題？我們並非缺乏美好的教育理想，也不是沒有完整的教育理念。我們擁有史無前例，空前龐大的學校系統和教育機構，我們更有一批批學有專長的專業教員和專業的教育人員。那麼，我們的問題究竟在哪裡呢？

儘管我們的文明精進了，儘管我們的文化豐盛多元了，儘管我們的知識膨脹，科學進步，科技發達了，儘管我們的物質條件優厚了，儘管我們的教育硬體和教育軟體齊備了，然而，我們有沒有在概念上，在思想上，在心意上，在感情上，在立法上，在道義上，在價值取向上，在計劃和行動上，大家合力開發出一種合理良好的「教育生態」，令教育的理想可以施展，使教育的工作可以開花結果呢？

我們需要檢討反思現代社會的教育生態。

3.通識教育是一種教育生態的環保運動

人類的生命是在一種基本上合理適當的生態環境下創發滋長的。

儘管人類可以發揮潛能，改善能力，集中精神，鍛練意志，去克服困難，抵制壓力，開闢新的更加適存的生態環境，創造更加合理更加有益的生活條件。然而，過分嚴峻的生態環境，過於險惡的生活條件，卻往往令人性扭曲變形，甚至令生命萎縮殘傷。人類生命的遭遇如此，人類所創制所開發的種種建制，其情況亦復如此。

比方，政治制度和政治結構是人類所創制出來的文化事物。不過當一種政治體制——比如民主的體制，要付諸實現，發揮作用時，也需要有一個合理而適當的文化生態，令其發育成長，令其改良完善。因此，為了提倡民主，有時我們也就著力於「喚起民眾」，開發民智，培養自覺，建立共識。目的就在於拓展一個適當的生態環境，創造一個有利的適存條件，以供民主的體制順利發展，繼續發揚光大。教育的體制也是如此，它也需要一個合理適當的生態環境。

今天，我們全都自命為文明人，處於文明的社會，擁有文明的人性。可是，人類文明的成就得來辛苦不易，絕非輕而易舉。而且人類文明的建樹，也不是一經造成文化傳統，就可以演成生理基因，不離不失地代代遺傳下去。為了保持文明的成果，甚至更進一步，繼續發揚過往文明的成就，跟著開展一個接著一個的文明高峰，我們必須有目的，有計劃地教養下一代，令他們在人類文化的傳承之中，不淪為文明的叛徒，不演成人性的累贅。相反地，令他們能夠繼續傳遞文明的火把，能夠繼續發放人性的光亮。

從這樣的角度看來，完人教育的理想對於我們來說，明白肯定，不待多證。可是，人類往往不但具有慣性和惰性，而且也容易因小失大，見樹木而不見森林。在安逸中不思未來的憂患。甚至在淘淘的時代大流中，忽略個人振臂高呼，挽救狂瀾的責任。所以，我們必須經常提醒自己，關懷人類教育的得失，特別是檢討我們的教育生態環境，

注視我們教育的走向。我們怎樣培養下一代，不久之後將決定他們怎樣繼續開發人類文明，決定他們怎樣繼續塑造文明的人性。今天，我們提倡通識教育的宗旨，也應該從這個角度去加以瞭解，加以推動執行，加以檢討評價。

　　所以，從形式上來說，我們可以將現階段的通識教育看作是對人類教育的批判運動。它要批判今日人類的教育生態環境，檢討完人教育能否在這種生態環境下適存，並且繼續發揚光大。今天我們普遍看到地球生態環境的「環保運動」。 在形式上，它是對人類生命的生態環境的批判運動。這種運動之所以發生，是因為地球長期以來受盡人類的濫用污染，以致今日人類的生活有難，未來人類的生命受到威脅。同樣地，我們在批判今日的教育生態之時，目的也在於提倡教育生態的環保，因為我們的教育生態受到「濫用污染」， 令我們的完人教育受到威脅而難以適存，更不要說能夠發揚光大。今日我們的感情教育受到威脅，我們的道德教育受到威脅，我們的價值教育受到威脅，我們的意志教育受到威脅。這樣一代接著一代，久而久之，人類的文明將會萎縮變樣，文明的人性將會敗壞淪亡。我們的感情將會扭曲變形，我們的道德也是一樣，我們的價值也是一樣，我們的意志也是一樣。所以，在提倡教育生態的環保之時，我們要提倡感情教育的環保，提倡道德教育的環保，提倡價值教育的環保，提倡意志教育的環保。等到我們自覺爭取，努力建立一個合理適當的教育生態之後，不但我們的知識教育可以繼續開展，其他的文明教育和人性教育也可以進一步獲得支持與維護。這樣一來，由於我們提倡完人教育的生態環保的結果，我們建立了感情的環保，建立了道德的環保，建立了價值的環保，建立了意志的環保。因此，我們建立了文明的環保。我們建立了人性的環保。由此看來，通識教育的目的就是完人教育的目的。那就是文

明教育的目的，就是人性教育的目的。

可是任何的社會批判運動都不能只是停留在思辨的層次和論說的層次。教育的批判是一種社會批判，自然也就不能只是停落在思辨和論說之上。社會批判的目的最後要能衍生出實際的功能和成效，改革舊有的社會體制，成立新的社會體制；改善現存的生活習尚，建立新的生活習尚；甚至改良既有的生命形式，創立新的生命形式。同樣地，教育生態的批判運動，完人教育的環保運動當然也要爭取成效落實，也要努力開拓出實際的結果。

社會批判通常是逆著潮流和時尚而興起的改革再建運動。因此，宣揚起這種運動的宗旨，特別是在從事實際的改造工作時，絕不會一蹴而幾，一呼百應。因此這種改革重建的歷程往往是種辛苦漫長的歷程。我們無法在一朝一夕之間除舊換新，從此一勞永逸。我們往往需要一方面不斷喚醒人們的自覺，爭取同情瞭解，製造協議共識，另一方面積極開發改革重建的可能性和可行性，創制出一個「另類文化」，開啟另類的生活方式，創造另類的生命樣態。就以地球的環保運動為例。一方面我們要努力宣揚環保主張，普遍建立環保意識。可是一樣重要的是，我們也要結合有志一同，建立比較合乎環保原則的生活方式。比如，節省能源，培植有機食物，進行資源回收，重視廢料處理等等。這樣，人們不但在思想上瞭解環保的必要性，並且也從種種環保生活的範例上，體認到環保的可行性。這樣的社會運動才能有效地開展，才能不斷積蓄它的勢力，才能逐步實現它的目的。

教育生態的環保運動，通識教育的鼓吹提倡也是如此。首先我們必須宣揚教育生態環保的意識。喚醒人們注意今日社會趨勢和文化走向的偏頗。闡明為什麼知識的增長並不自動演成品德的高尚，為什麼科學的進步並不自動構成文明的提升，為什麼科技的昌盛並不自動帶

來人性的精進。討論工商業的社會怎樣能和完人教育的理想並駕齊驅。檢討科技本位的文化為什麼沒有令人生更快樂，沒有令人類更幸福。

可是，同樣重要的是，我們要努力在現存的教育生態裡，開拓另類的教育文化，設立另類的教育體制，積極進行，努力實驗，以期日久有功，逐步見效，為完人教育開創出一個合理適當的教育生態。

目前關懷通識教育或完人教育的注目點，大多集中在高等教育之上。這也許是因為我們大學的教育生態最是問題叢生的緣故。不過，儘管人類的教育可以分開階段，重點進行，甚至不同科目，為了突顯效果，也可以分流別類加以實施。然而論及教育生態一事，那卻是前後貫通，一脈相承的。我們雖然可以集中檢討大學通識教育的規劃與實施，但是通識教育的精神卻貫穿於所有各階段的教育實務之內。從稚幼教育、小學教育、中學教育，甚至大學之後的教育，全都是我們矚目計慮的範圍。比如，我們應該怎樣教學，我們應該強調學習甚麼，考試應該怎樣實施，身教和言教應該要怎樣配合，分流教育應該怎樣進行等等。像這類的問題並不是任何教育階段所特有的問題，因而也就不是只當討論大學教育時才發生的獨有問題。

不過為了集中論點起見，我們現在仍然只談大學的通識教育。然而我們的目的是在教育生態批判。我們的結論可以視份量的輕重，適用於所有階段，任何分流的教育事業之中。

4.現階段的大學通識教育

今日，我們的大學擁有最深厚的資源，最優秀的師資，最充實的圖書和設備，可是我們所進行的卻是最片面，最斷裂，最支離破碎的教育。在今日的大學教育生態裡，我們不但無法強調言教與身教的合一，充實感情教育，道德教育，價值教育，以及意志教育的內涵。事

實上，在追求學術研究，在講求短期效益，在注重客觀標準，在包容
多元價值的名義之下，我們的大學教育事業經常迷失了它的價值目標，
我們根本無能談論完人教育。就是在知識的傳遞和新知的創作上，我
們也喪失文明的關懷，遠離人性的價值。

　　我們的大學貌似一個個講究效率，注重數字的知識工廠。大學裡
的師生好像是為了知識的增進而存在，而不是為了生命的價值而生活
的人。

　　現在讓我們簡明扼要地觀察一下，今日無數的大學怎樣進行這種
知識的高等教育。

　　如果我們說，知識或學問有博大和精深兩個發展方向，今日我們
的大學絕大多數都在現實的壓力下，放棄博大而採取專精做為它的成
績表現的指標。這種專精導向，除了為要應付短期成效，市場本位，
專業化和宣傳選美效果之外，又和這個時代另一種致命的教育取向同
步共振，互為因果。那就是今日大學那注重研究而忽視教學的時代趨
勢。高深的研究能夠形成理論學說，撰寫論文報告，製造科技產品，
獲取成果專利。於是大學的資源和注意力全都優先放置在研究事務之
上。教學的事務往往退步落後。完人教育的談論更是空谷足音，幾成
絕響。

　　專精導向一經形成，知識的教育也就愈來愈細碎，愈來愈斷裂。
現在我們的知識教學甚少照顧到文化傳統，更少涉及文明意義。我們
將知識幾乎當成技術產品加以處理，而沒有將現階段的知識當成人類
創制理論的文化產物，加以觀察，檢討，應用和欣賞。我們現在所從
事的，從根本上看，只不過是知識技術的傳授，談不上是知識文明的
教育。也因為我們只講究知識的技術層面，因此，大學所教的東西愈
來愈能夠加以「客觀化」，甚至加以「標準化」。難怪今日好多大學裡

的科目都可以使用是非題和選擇題做為學生考試的主要形式！

　　所以，現階段大學教育生態批判的首要任務，就在於針對這種知識技術化的做法，提出有理有據的論駁。反對完全不顧文化傳統的知識教育，反對絲毫不理文明意義的知識教育。大學通識教育是大學教育生態的批判，它必須提出另類教育的例子。比如，在課程方面，我們應該加強知識的文化教育和文明教育的課程，開設類似下列的科目：科學發展史，數學的哲學，工商文明的倫理，科技文明的人性價值，醫學哲學，資訊科技文明，世界文化史，中國文化史等等。最重要的是，這類通識教育的教學一定要鼓勵思考，而不採用灌輸；一定要提倡討論思辨，而不可強求標準答案。我們都知道，這是一個講究溝通和崇尚多元的時代。採用灌輸的教學方式，容易造成獨斷理性。過份追求標準答案，更將扼殺自由思想和創造發明的心智開展。這當然違反今日之教育生態批判的精神，違反現階段通識教育的精神。

　　在這個分工發達的社會，在這個學科區分精細的時代，講求知識的廣博並非著眼於每一分科的專精。面對這種知識爆炸的環境，講究廣博的目的主要在於培養平衡的心智，以利開展開明的理性，孕育合理的感情，造就廣含的道德，成全遠大的價值，塑造超凡的意志。進一步維護和提高人類文明，堅持並發揚人性理想。

　　針對這樣的目的，通識教育應該提倡方法上和原理上的探討，以養成方法上的自覺，促進原理上的反省。在這個進步神速的時代，我們不但需要區分價值的多元和方法的多元之別，我們更得清楚了悟知識和信仰的割分，真理和意識型態的分別，並且從原理上檢討怎樣才能確保平衡心智的建立，促進人類感情、道德、價值和意志的健康發展。在人類知識普遍技術化的今日，方法和原理的探討顯得特別重要。否則我們不是很快淪為完全的「工具主義者」，不相信有任何的內在

價值，就是遲早變成徹底的「懷疑主義者」，甚至「虛無主義者」，不
相信世上人間有任何真實的存在。

原因是這樣的：當我們在知識的探討上，或是在真理的追求上追
根究底，力求證驗的時候，遲早我們會遭遇到「循環論證」或「無窮
後退」的方法絕境。這時，除了在知識的系統結構上，重新加以檢討
安排，因而暫時避免問題的尖銳化之外，就是人類採取價值立場，負
起道德承擔，堅定意志，投入感情的時候。可是我們要怎樣進行，才
能避免獨斷的理性，避免無理的感情，避免狹隘的道德，避免片面的
價值，並且避免專橫的意志呢？在今天這個講求專精造成分科隔離，
強調專才變成舉世偏才的社會，提倡廣大的胸襟，培養深遠的見識，
造就平衡的心智，才能進一步在感情上，在道德上，在價值上，以及
在意志上，合理有據，不偏不頗。在這個關鍵上，養成方法上的自覺，
培育原理上的通達，正是抗拒無理，中和獨斷，平衡偏頗的良好教養。
在這方面，我們可以從兩方面切入，積極配合，交叉進行。

一方面，我們應該深入探討各種分科知識的構作方法和證驗原理，
瞭解該種分科知識的特性和局限。另一方面，我們應該對於種種分科
知識加以比較互對，考察各類分科之間的方法異同和原理差距，從而
開闢跨科的瞭解和溝通。知識分科各自有其文化傳統和文明意義，包
括各自的方法和原理，對此加以比較參照所獲得的理解，正是今日我
們力求減少獨斷，成就平衡的依據。

作為批判教育時弊的通識教育，不但要在消極上心存文明理想和
人性價值，提倡在知識教育上為修養的教育，為感情、道德、價值和
意志的培育，預留空間，增加機會，不讓人性的修養淪為武斷，陷入
狹隘，掉落片面，沉於專橫。更重要的是，在積極方面，通識教育應
該開拓「文明的知識」和「人性的知識」，探討「文明的修養」和「人

性的修養」，並且力求令這兩個層面的努力，不相離斷，而能互相支援，互相加強。我們不只要建立無目的的文明，我們要建立有意義有價值的文明。我們不只要塑造武斷專橫的人性，我們要塑造開明通達，有情有理的人性。因此，在知識的層次上，我們需要深入探討人類已有的文明成果，檢討其建立方法和存在原理，討論它的未來方向和可能困局。

今日我們的文化的最大弊病在於採取一種唯認知的價值取向，一切唯知識是尚，其他一切不是無能為力經營，就是無暇兼取並顧。於是我們將一切文明加以知識化，無從知識化的文明成就，棄置一旁，令其自消自滅。我們的感情、道德、價值和意志，全都遭到如是的處理。這還不算，為了講究效用和客觀，我們還更進一步將知識加以技術化和標準化，加以工具化和模式化。到此地步，一些可貴的文明成就也就被我們沖淡貶低，壓縮降級。文明只是文化，人性只是人生。理性只剩下當作工具的理性，感情化做感覺或情緒，道德只是習慣之行為規範，價值只是喜好選擇，意志變得沒有方向。

就這個層次上說，通識教育的教育生態批判是一種返回文明修養，一種回歸人性價值的教育環保運動。在知的方面，我們要探究知識、感情、道德、價值和意志的塑成方法和成立原理。另一方面，在實踐上，我們要開創出這種環保運動的可能性和可行性。甚至進一步提出實施的方略，建立一種另類教育的成例。

在返回文明修養，在回歸人性價值的教育實踐上，我們最需要個人整個生命的參與。那不只是知識上的參與，而且更是感情的參與，道德的參與，價值的參與和意志的參與。只有在一個個的個體生命普遍而深入地參與之後，我們才能結成集體意識，變成社會的目標，甚至演成人類共同的目的。

可是我們都知道,文明的修養和人性的塑造絕不只是知識上的事。它不只是概念上的事,不只是理論上的事,也不只是訊息上的事。文明的修養和人性的塑造最是以心傳心,以情感情,以德涵德,以志養志的事。因此,不但個人生命的投入無可或缺,個人所經營出來的人生榜樣最是感人,服人,動人,導人的教育材料。通識教育作為教育批判的另類教育,必須提倡身教,而不只是停落在言教的層次。我們更不應該只是停留在教育的技術層次。

在這個講究科技的時代,在這個知識常被技術化的時代,教育事業也容易被誘入歧途。我們熱中於開發教育科技,精進教學技術,使用電氣化、電腦化、多媒體的教學方式。可是我們有沒有同樣注重以生命對生命,以感情對感情,以道德對道德,以意志對意志的人性教育呢?文明和人性的教育無法加以公式化,因此無法加以機械化。因為文明和人性本身講究演化進展,追求創造發明,那不能公式化,那無法機械化。

我們在這個世紀裡,普遍講究客觀性和客觀化。這一方面是為了人與人之間交流溝通的方便,另一方面也是人類追求平等民主的後果。可是我們不要因為著眼於集體的壯大和體制的續存,忽視了個體生命的豐富多樣和精緻深遠。畢竟是一個個的個體生命,創造開發出文明和人性的壯觀;也是一個個的個體生命,吸收承受著歷史和文化的苦難。在仰天長嘯客觀性之餘,在振臂高呼客觀化之後,我們要在下一個世紀裡,努力開發個人主體意識的內涵,加強個人文明人性修養的途徑,使個人的感情、道德、價值和意志得以充分發展,長足進步,貢獻於開放的人類文明,貢獻於開明的文明人性。

所以,在推行通識教育之間,我們應該善用身教,增進個體經驗的開發。豐富而深刻的個體經驗相振相激,互相發明之後,才容易衍

生合情合理的集體意識，創建多元開放的開明社會。從這個角度上看，通識教育要努力提倡具有創造性，具有批判性的「個人語言」，那是一種有活力，有潛質，能改革，能創新的精緻的「小語言」。這將是個體對於人類文明的實質貢獻。文明要能繼續演進，人性要能繼續塑造，我們必須抱持一種開放的態度，不將人類文明當成一個機械死板的邏輯系統，而將它看做是一種不斷追求優美平衡的藝術安排。通識教育著眼於人類已有的文明成就，尋求培養更多具有文明價值，懷抱人性理想的人。這在二十世紀裡，在當今的現代社會上，在現存的教育生態中，最是一種教育批判運動，最是一種教育環保運動，最是一種教育解放運動。

1997年2月28日

知識份子與大學精神

0. 人類知識：突破動物的致知模式

所有生物為了在其生態環境下生存，爭取適存和續存，並且進一步繁殖蔓衍，壯大品種，各自都有其因應生態，順從環境的表現。在比較低等的生物之間，這種適應生態環境的表現只不過是天生本能的交替反應。每個個體的表現都大略一致，準確可以預測。比如，植物的向光性，低等動物的冬眠等現象就是如此。

比較高等的生物，在應付生存和生活的問題上，在面對生態環境的變化中，所表現出來的競存反應就複雜得多。比如，許多動物在成長的過程中，需要養成認識環境，瞭解生態的能力，從而在求生競存的過程中，能做判斷，知所抉擇。比如，獅子在捕捉與牠一樣巨大的獵物時，往往必須善做判斷，並且有效地執行周密的計劃和安排。何時單獨出擊，何時合力圍捕，本身就是一項根據對情況的瞭解，所做出來的判斷。在動物的世界裡，充滿著這類不是機械反應，不是千篇一律，而是需要講求策略，使用技巧，甚至善用佈局的作為。這類作為明顯反應出，許多比較高等的動物對於自己和對於其所在所處的生態環境，有著充分而必要的瞭解，用以滿足生活之所欲，用以解決生命之所需。牠們具備著某種意義的「知識」。

人類是在演化的階梯上最為高等的動物。他的情況最是如此，而且複雜多端，有過之而無不及。人類是知識的動物。他是有知有識的

動物。

我們可以想像，在遠古的時代，人類的祖先所面對的是一個頗為艱難困苦的生態環境。那時，爭取個體和群族的生存和續存幾乎佔盡所有人的精神和力量。可是，比起一些兇禽猛獸，人類在體能上並不是些最有力，最適存的動物。不過他終於脫穎而出，出眾拔萃，這完全是因為他的大腦發達，善於開發知識，終於能夠以智取勝，以弱敵強的緣故。

從生物延綿的觀點看，人類是在長遠的進程裡，慢慢演化出來的品種。他和其他動物，特別是和在演化鏈索上比較接近的動物一樣，具備著開發知識的潛能，以滿足生活之所欲，以解決生命之所需。可是人類不只停留在一般動物那種生成知識的模式。他善於利用知識的潛能，突破動物的致知局面，不斷經營，不停增進的結果，形成人類極為獨特的「知識文化」。 人類也在這樣的知識文化的傳統裡，塑造並不斷再塑他的文明人性，一波又一波地屢創人類文明的高峰。

我們可以採取比較的觀點，察看人類怎樣突破一般動物的致知模式，開創他獨特的知識文化。簡單地說，一般動物開發知識的動因起於實用，這種致知活動的目的也止於實用。因此，就一般動物的情況來說，對於生態的知識和用於求存的技術，兩者同疇共範，合而為一。就是兩者有所區別，其不同處也影響不了一般動物的求存活動。加以，動物的生活欲求和生命需要，比起來算是簡單。牠們除了覓食、求偶、哺幼而外，甚少另有更進一步的要求和欲望，更談不上願望和夢想。這樣一來，一般動物的知識也就停留在技術的層面，只有片面的識域，只有表面的知識，只需講究瞬間的實用。這樣的技術知識甚至無需提升到自覺的層面，只要表現於求生的技能，只要隱藏於求存的活動，只要發揮出增進續存的效用。我們可以說，這樣的知識形態是實效的，

技術的，工具性的，盡其然而可以不知其然，知其然而可以不知其所以然的。它是表層的，是不必加以深究細探的。

可是人類的知識就大為不同。當然人類也具有這種不追根究底的表面之知，也有這種只知其然的技術之知，也有這種片面支離，習以為常的不覺之知；而且在人類演化初長的早期，人類的知識絕大部份都是這一類的知識。不過人類應用他的思考能力，發揮他的想像能力，善用他的創造能力，慢慢走出一般動物知識的範疇，建立他與眾不同的致知模式和知識結構。

我們可以推想，在致知為實用，知識寓於技術的時代，人類已經不再滿足於「知其然」、「盡其然」和「用其然」。在累積長期的經驗，經過大量的反覆實證的過程中，人類也開始使用他思考和想像的能力，對他所在的生態環境中的種種事物的形成，以及現象的變化，編織出一個一個用來滿足自己，並且用來訓導別人，馴服別人，教化別人的故事。

在所有的動物之中，人類對自己的生命現象最為敏感，對自己的生死存亡最具自覺，對同伴同群同族同親的生命也最生有感覺和最懷有感情，因此在最早的人類認知活動中，人類將對自己的認識投射到大自然，構想出各種超乎自然的神靈和魔力。這些神魔可能品種繁多，而且不斷增補添加。有的顯然是人類祖先的理想化身，有的是兇禽猛獸的魔力代表，更有的是夾雜著現實和想像的神奇事物。這些不一而足的超人類，超自然的神魔怪力支配著人類生態的發生和變化，同時也統御著人類的個人和群體的生死存亡的命運。這是早期人類探究生態環境，認識宇宙，瞭解人生的方式。那是一種擬人的，神話的致知方式。

隨著人類個人和群體的生活欲求的多樣化，隨著人類個人和群體

的生命需要的複雜化，這樣的神話式的致知模式和知識內涵需要不斷
的充實填補和改良修訂。另外，配合人類生產方式的改進，生活內涵
的精化，社會體制的開發以及人性寄望的加強，人類致知的模式也不
斷地演變，不斷地進化，形成一條漫長的人類知識文化的大流。我們
在這個知識傳統中生活，在這種知識文化中精進我們的生命，在這種
文化演進中開創人類文明，塑造並且繼續塑造我們的文明人性。

1.人類的生態：文化生態的開拓

　　每一種生命都活在自己的生態環境中，並且在該生態裡爭取適存
和續存的機會，甚至加強繁殖壯大的能力。不同的生命形式有時也分
享著同樣的生態環境，並且在該生態中較量競爭，追求繼續生存和不
斷壯大的可能。

　　人類生存在一種特定的生態環境中。他和其他的生物分享著彼此
交互重疊的生態。在人類演化的最早時期，人類憑著他與生俱來的本
能，和其他生物，特別是和其他較高等的動物，較兇猛的野獸，在彼
此交疊的生態裡，競長較短，爭取適存和續存的空間，開拓繁衍壯大
的機會。最初，這是一個極為艱辛困苦的歲月。比起其他的兇禽猛獸，
人類並沒有比牠們具備更堅強的體力，也沒有比牠們擁有更好鬥的性
格。因此在爭生競存的鬥爭之下，人類必須致力發展他的智能，以便
在競爭之中，以弱敵強，以智取勝。在這方面，人類知識的開展，配
合技術工藝的進步，終於為人類開拓出一條更寬廣的生存之路，奠定
了人類成為世界之王，萬物之靈的高超地位。

　　那麼，人類怎樣由一種原始的動物，一種猿猴的表親，躍登萬物
之靈的殿堂，而成為這個世界的主宰呢？簡單地說，起先人類也像其
他動物一樣，生存於「自然生態」之間，在自然的演化進程裡，爭取

續存，開發機會。可是經過長年的辛勞經營，在開發知識，建立技術之中，人類不只是潛伏隱藏於這個自然生態環境之間，他更加利用思考，發揮想像，致知求解，投射構作。終於能夠突破一般動物的生活方式，「無中生有」，有上創新，開拓出人類自己的「文化生態」。接著，一面開發和精進這種文化生態，一面經營和征服原來的自然生態，兩相得益，互顯互彰。這樣長期推展，不斷演繹，終於成就了獨特的人類文明，塑造了非凡的文明人性。

縮小一點來說，人類的文化生態的拓展起於人類「精神世界」的開發。起先，在人類為了實用而致知的過程中，我們在思想裡，在想像中，在臆測上，一步一步地開闢了萬事萬物的知識。儘管這種人類早期的知識所充滿的色彩，從現代人的角度來看，迷信的成分遠多於可信的內容。可是這不是人類文明演化的重要之點。對於人類文明來說，重要的是人類所踏出的一步。它突破了自然賦予的物質生態，開拓了人類自己的精神生態。從此，人類不只生存在物質的世界，他也生活在精神的世界。人類同時經營這兩個世界，並且在兩者之間，互相發明，互相創造。精神世界的開展促進物質世界的開發。物質世界的成就加速精神世界的提升。人類獨特的文明是由於同時開發這兩種世界，同時拓展這兩種生態而發展出來的。

雖然早期人類的精神世界，包括知識的精神世界，而且主要是知識的精神世界，充滿著神話的色彩，在編造構作這種精神生態時，人類欠缺今日我們所懷有的方法自覺，原理透視，甚至終極關懷，可是這在當時卻充分有效地促進人類文明的成長，精進人性的演化。

在經營人類知識的精神世界，在不斷拓展人類知識的過程中，我們不斷使用種種因由和力量去說明這個世界中，萬事萬物的生成和變化；解釋世界上事事物物的由來、目的、地位、作用和命運。人類基

於實際的需要和知性的好奇，不僅將這類致知的活動推展到人類之外的事物之上，他也把這類求知的探索指向人類自己，追求對於自己的知識。這點也是人類和其他動物，在致知的模式上，表現得十分不同的地方。人類對於自己尋求瞭解，希望認識自己的由來、目的、地位、作用和命運，終於令自己成為最有自覺，最知自視，最懂自許，最講自重，最尚自愛，最能把握自己的命運，最能掌握自己的前途的動物。

人類開發對自己的知識，人類拓展「自知」之明。這在人類文明史上非同小可，是件值得大書特寫的事。人類由自知的努力開始，終於能夠自覺自許，自重自尊，自勵自愛，開創自己的命運，決定自己的地位。人類不再只是臣服於自然生態的運作規律之下。他自己開創了文化的生態，自己塑造自己的人性，自己成就了自己的文明。從這個角度來看，人類探求知識，人類追求自知。最後人類塑造自己的人性。人類重新創造了自己。

在人類致知的過程中，精神世界的開拓和實用技術的發展，常常互相支援，並駕齊驅。人類在創造開發他的文化生態時，情況也是如此。

自從人類開發精神世界，自別於其他動物以來，人類仍然需要面對自然生態的局限，受制於外在規律的阻礙。人類在自然的演化進程中，仍然面對著種種有形無形的敵人。為了適存，為了續存，人類必須努力經營自己的自然生態和文化生態，以便開發出增益人類演化的成果。在經營自然生態方面，人類歷代的成績斐然卓著，斑斑可考。我們只要翻查一下人類的科學史和科技史，也就一目了然，毫無疑問。人類一步步深入瞭解了他的自然生態之餘，不但由被動地適應他的生態，轉而主動地利用他的生態；他並且更進一步，人為地控制生態，改變生態，進而重新創造生態。至今，對於人類而言，「自然」與「人

工」之間的區分已經不是那麼明顯尖銳。在人類的自然生態裡，到處都有人工修整，人工改良和人工加強的遺跡。這是人類文化的成就，特別是人類知識文化的成就。瞭解自然生態，進而演成技術，對它加以控制，加以改造和加以利用，已經令人類在一切生物中，超群拔萃，獨登世界之王的寶座，為他的續存和壯大，奠定更堅強的基礎。

另外，和自然生態的經營幾乎同步並行，交叉發展，而且一經開拓，甚至駕凌指導自然生態的經營的，就是人類文化生態的創造和開展。

從遠古的人類祖先開始，在與其他生物搏鬥爭存之間，在天地異數逆境中生活之時，人類已經開始體察到為伍協力，成群合作的重要性。單人隻手，經常技短力竭；群策群力，往往取長補短，積少成多，集弱變強，最後發揮單獨的個體所無法表現的力量，成就分開的個人所無法達成的效果。可是，為了要達致成群合作的目的，人類需要開創並精進兩方面的知識和技巧。一是組織和協調方面，一是表達和溝通方面。事實證明人類在這兩方面全都有了重大的建樹，全都足以令人類的文化表現出獨有的特色，發揮特別的功能。

先說人類在表達和溝通上的成就。為了這方面的需要，人類創制了記號，發展出語言。起先，記號和語言只是集體生活和人際交流的工具，只是人類軀體行動的延長。可是，這一延長，卻引人由物質的，具象的世界，逐步走向精神的，抽象的世界。這是人性演化的關鍵。記號和語言不只是人類集體謀生求存的有利武器，它更成了人類表意、表情、表願、表志的媒體，並且也在溝通交流之間，成了人類生意、生情、生願、生志，以及涵意、涵情、涵願、涵志的中介。這樣一來，人類使用記號和語言，由表達溝通到蘊藏涵蓄，由交流合作到孕育修養。於是人類的精神世界步步開展，終於開拓出人類的理性，人類的

感情，人類的道德，人類的價值，人類的意志和人類的藝術；開拓出
人類的文明，塑造出文明的人性。從這個觀點看，本來只應表達和溝
通的需要而創制，而沿用成習的記號和語言，結果人類卻以之為媒介
開闢出無邊無際的「意義世界」，蘊藏孕育出人類的種種品質上的修
養，令人類演化成為理性的動物，成為感情的動物，成為道德的動物，
成為價值的動物，成為藝術的動物，成為意志的動物。於是人類不再
只是努力爭取生物層面的適存、續存和壯大，他還要追求生活有意義，
還要追求生命有價值。

　　另外，在組織和協調方面的開發，人類也積累了深厚的成就。人
類除了建立家庭，成立社群，開闢社會，創立國邦，建成種種團體和
機構而外，更發明典章，開創制度，製作法例，演成工作模式，令社
會有效運行，以支持和保障個人在社會裡的生活意義和生命價值。在
這樣的社會組織和社會體制的運作協調之下，人類早已不是個體孤離
的生命存在，他早已成為社會的動物。人類的文化不只是個體的文化，
也是社會的文化，是個體在社會中表現創造出來的既具有個人品質標
記，又具有群體意識導向的文化。

　　人類能夠突破動物演化的進程，成就文明，塑造人性，主要關鍵
就在於他開發了精神世界，創造了人類獨有而特有的文化生態。不過
它與自然生態不同，不是天生俱來，不是自然外加。它是人類自開自
創，自編自導而成的。也因為這樣，人類文化和文明常常呈現多源的
開展，表現出多元的導向。人類的文化有它的高峰，也有它的低潮；
人類的文明有它的興盛，也有它的衰敗。人類已經演化成為自覺自主
的動物。我們把握著塑造人性和重新塑造人性的主權。人類是自己命
運的主宰。人類的個體，在他創發出來的體制之下，決定自己未來的
前途。

2.知識文化和人性文明

　　人類為了求生續存的目的，發掘創造了知識和技術，包括瞭解外物，控制外物和利用外物的知識和技術，以及建立社會，創造體制的自我認知，自我鍛練和自我修養的知識和技術。可是知識一經創立和驗證，技術一經開發而實現，它們很容易在人類的語言系統中，加以保存，傳遞和擴散，並且通過人類的社會體制，進一步予以拓展和加強。於是人類的知識和技術不僅成了個人和集體的行為傾向和工作習性，兩者更在人類文化生態裡，變成擁有一種客觀而獨立的存在，像是自然生態中的事事物物一樣。因此，我們可以不是為了應用，不是為了解決生活上的問題，也能以知識或技術成為思考研究的對象，甚至鑑賞把玩的東西。特別是在人類比較有了閒暇，不必將所有的時間和精力用來求生競存之後，知識的追求和技術的探索慢慢變成一種本身具有意義的活動。只因好奇而求取知識，只為品鑑而探索技術，終久也成為一種文化導向。

　　另一方面，由於知識常有實用的價值，技術更具生產的利益。因此人類將知識的保存和傳習，將技術的培養和傳遞，加以社會化和體制化，成為教育後代的內容。這更使知識和技術的追求在人類文化的傳統中生根，成為人類知識文化的一種現象。

　　起先知識和技術的追求互相支援，難分彼此。因此知識的文化和技術的文化也並蒂共生，同根共源。可是，慢慢地由於專精的要求和分工的結果，這兩種依舊不斷互動並進的文化傳統，卻在大方向和著力點上，自己開拓出自己的進展方向，演繹出人生社會的效應和成果。在知識文化的傳統上，人類由神話時代的臆測，宗教和哲理時代的玄思，直到實證實驗時代的科學，演成今日資訊無盡，知識爆炸的局面。

另外，在技術文化的傳統裡，人類由手工藝，人力獸力之輕工業，機械化電氣化工業，直到電子化人工智能的工業，創造出豐碩繁盛的物質文明。這兩個文化傳統，仍然在交流共振，相助互援，促進人類社會的發展，開啟文明和人性進一步的演化。

現在讓我們注視一下人類知識的文化傳統，考察它對人性文明留下一些甚麼明顯的標記。

雖然最早人類顯然是為了應付生存的需要而致知。可是等到追求知識成了一種自覺的活動，甚至被加以社會化和制度化之後，這種求知的活動本身也就培養出它的工作習尚，方法要求和演進目標。事實上，就是在神話的時代，人類也不能一味地只憑空想和臆測，決定行為內容或行動方向。他必須顧慮外在世界的實況，注意事情發生的本末先後，以及影響事態發展的各種因素。儘管在說明事物為何如此形成，或在解釋事情為何如此變化時，人類可能訴諸神秘的力量。不過，對於這種神秘的力量，人類也需要提出一些服人服己的說法，以便應付未來洞察先機，預測後果之用。這樣一來，有目的而認真的求知活動，即使在神話的時代，也不能像童話漫談一樣，任憑想像，為所欲為。漸漸地，這種知識的文化就建立起它的面貌特徵和品質標準，從事知識探索的人也就開創出他們的工作指針，甚至價值理想。

現在讓我們列舉這種知識文化的一些重要特徵，觀看它怎樣促進人類文明，以及文明人性的開展和演化。

首先，我們注意到為了求知，人類不能任憑野性發作，主觀獨斷。他必須尊重外在的真實，承認客觀的存在。這是一種「克己存他」的人生態度，以及「自制客觀」的工作習尚。這種克己自制，事實上是人類文明的起點。人類不是被迫無奈地臣服於大自然的規律之下，而是為了發展潛能，開拓知性，而自己鍛練自己，自己修養自己。人類

為了成就知識這種文化產物，而放棄與生俱來的野性。這是走向文明的重要標幟。

當然，人類的克己存他和自制客觀並不是起於知識的追求。早在人類為了表意溝通，為了交流傳達，而創制記號，而發明語言之後，人類就在記號和語言的傳習沿用之間，學習遵從規則，依隨體制。這是人類尊重自己的文化產物的起始。也是開拓文明，塑造人性的第一步。不過，在知識的文化傳統裡，人類更進一步將這種習尚和價值加以精化，加以拓展。追根究底來說，人類的知識是他所進行的記號活動的一種特別類型。人類從事記號行為所創發出來的克己存他和自制客觀的習尚和品質，得以在知識的文化中，加上更進一步的拓展和發揚。

演進下來，「追求真理」成了知識文化中首要的工作取向和價值理想。歷來曾經有過不計其數的人投身於追求真理的工作，他們為這種自己選擇的使命，或者社會賦與的任務，盡心投入，辛勞一生。有的甚至在追求真理的過程中，和社會文化的其他勢力掙扎搏鬥，不屈不撓，奉獻犧牲。原來為了生存上的實際需要而進行的求知活動，經過開拓經營，演變開創出追求真理，服膺真理，甚至為真理獻身的人性價值和文明理想。人類的文明也就愈演愈加深遠，人性的理想也就愈演愈加崇高。

不過，真理不是一種淺白簡單的事物。隨著人類文化的拓展，以及人性文明的演化，人類所追求的真理內涵也會相應地伸展和嬗變。從普遍的根底上來說，人類在這種求真的文化傳統和文明價值中，所追求的不僅是一些表面浮光掠影的實情，或者片面枝節的實錄。他所要追求的是比較深刻，比較普遍的真實。因此，從事於真理追求的人，不斷需要善用獨立思考，發揮批判能力，避免沉淪於通俗的成見，避

免陷落在一時一地的習尚之間。加以人性的文明中，除了知識文化所開展出來的成果和品質而外，還有其他文化所經營出來的效應與理想。比如技術文化和工商文化都在我們的大文化中，標榜出各自的工作習尚與價值理想。這種工作習尚和價值理想也構成人類文化的創發現象，甚至構成人類文明的拓展取向。追求真理的人一方面不能無視於這類文化的成果，以及文明的導向，可是另一方面卻要能夠入乎其內，而又出乎其外，在批判中建立真理的內涵，在解構下構作真理的系統。這樣，他才算是個秉於求真的理想，忠於真理的價值的人。

不僅如此，即使在知識的文化中，在追求真理的文明傳統裡，人們也可以由於不同的識見，不同的胸懷，不同的情趣和不同的心靈境界，開發出不同的工作習尚，塑造出知識文化中不同的小文化。追求真理的人，又要能夠遊刃其間，不為所困；綜觀統照，不為所惑。這樣，我們才能在知識文化上，開創另外的高峰，在追求真理的文明裡，樹立另外一個里程碑。

所以，真理的追求並不是一件輕而易舉，一蹴而幾的事。它和其他種種人性文明一樣，需要人類盡情參與和全心投入。也因為這樣，它開創出高貴非凡的人性價值。

現在讓我們觀察一下知識文化目前的處境，檢討一下追求真理的文明傳統今日走往什麼樣的方向。

二十世紀是人類文化大豐收的世紀。物質文化的成就彰明較著，不待多言。我們經歷了人類史無前例，空前未有的物質享受。就是在精神文化方面，這個世紀也有它獨特的發展。

一言以蔽之，二十世紀是人類高度自覺的時代。我們講究方法上的自覺，講究基礎原理的自覺，講究文化傳統的自覺，講究社會意識的自覺，講究政治型態的自覺。因此，我們更加擺脫傳統的思想模式，

更加獨立於固有的行為規範。我們更加尊重人權，珍視自由；更加標
榜個人主義，更加保護個人隱私。另一方面，二十世紀無疑地也是高
度奉行多元主義的時代。我們不但在方法上容納多元，你做你私，我
行我素；我們也在價值上尊重多元，你有你品，我有我德。不但如此，
我們甚至不談品質上的超凡高貴，只講功能上可以相容溝通；羞論理
想上的精英拔萃，只究作用上的普及通俗。於是步步演變，波波推前。
至今，愈來愈少的人高舉文明的理想，愈來愈多的人只談文化的功用；
愈來愈少的人提倡人性的價值，愈來愈多的人追求人生的享受。我們
關心個人的權益，好像人類文明自己會選擇一個正確的方向；我們強
調自己的生命享受，好像文明人性自己能決定要怎樣繼續演化。人類
文明好像失去了方向，文明人性好似沉落在滿天的迷霧之中。

　　讓我們從本世紀的知識文化的發展情況，及其所遭遇的外在動力，
觀看今日我們的文明處境。

　　我們都知道，二十世紀是個講究解放，尋求解構的時代。在一般
的潮流風尚裡，人們為了實現自己的理念，熱中於懷疑權威，放棄傳
統。可是在這種表面現象之後，卻存在著更加深沉的原因和理由。這
個世紀人類在知識和技術上，特別是在科學和科技上，突飛猛進，神
速發展，舊有的社會體制，政治結構和道德規範，全都無法順暢地適
應新的局面。加上知識與技術的發達帶來物質生活的豐盛，以及工商
企業的開展，兩相刺激，交互振盪，於是人生的追求和社會的體制採
取一種新的導向。

　　基本上，我們走進一個講究技術革新和講究工具價值的新時代。
另一方面我們也走進一個追求物質豐盛和追求感覺享受的新境地。這
兩個傾向結合起來，再加上民主化、普及化、全民化的要求，現在我
們所見證到的顯性文化現象是科技和工商的市場導向，以及工具主義

和感覺主義的風行。人類的理性、感情、道德、藝術、宗教、價值、意志等等，全都在這樣的新思潮和新風尚之下，適應變形，扭轉演化。人類開闢了一種史無前例，而又強力無比的嶄新的文化生態。在這樣的文化生態下，再加上如今已是百孔千瘡的自然生態，人類的文明將會演化到哪裡？我們的人性又將演化到什麼地步？

　　與知識的進步和技術的開展同時出現的，在知識基礎上，我們在這個世紀裡也遭遇到的一個富有挑戰性的局面。這個局面沒有獲得良好的闡釋，瞭解和消化，也構成工具主義雷厲風行的一個原因。

　　我們知道，到了十九世紀之末，二十世紀之初，大家普遍相信人類已經把握到正確有效的尋求真理的方法，並且已經構作出大致上完美的真理系統，剩下來的只是一些遲早可以完全解決的枝節問題。一方面大家相信從希臘時代開始發展的「歐幾里德幾何」完美地描述了宇宙空間的結構。另一方面，人們認為始於十七世紀的「牛頓物理學」也一樣完美地解釋了物質世界的現象。人類追求知識之心，以及他追求真理之情，並行一致，交互加強。在人類尋求瞭解宇宙，統御萬物的雄心上，信心十足，意氣風發。突然間，晴空霹靂，天旋地轉。數學家構作出兩種類型的「非歐幾何」，和歷來深受推崇的歐幾里德幾何相駁有背，但卻一樣合理，一樣優美，甚至一樣有用！另一方面，由愛因斯坦的相對論和量子力學為基礎的「現代物理」，把牛頓的古典物理學打落到低一層次，成為在特定的時空下，或者為了簡單方便的計算演繹裡的一種實用模型，而不再是精密準確的世界描述！我們仍然可以使用歐幾里德幾何，但只限於較小的空間。我們依舊可以應用牛頓物理學，但那只是因為我們避免做出過於細緻繁複的演算。

　　在這樣的認知之下，真理的觀念模糊了，知識的工具觀更加風行澎湃起來。我們求知的心懷改變了。甚至，我們求知的目的也不同了。

知識和真理有沒有關聯？知識和修養有沒有關聯？知識和理性，和感情，和道德，和價值等等又有什麼關聯？

知識一經加以工具化，我們也就很容易將它加以技術化。一經技術化的東西，又很自然地走向工業化和商業化的途徑。現在我們在追求知識的許多方面，全都走向「知識技術的工商業」的發展方向。知識的追求和其他工商業一樣，也正在受著普及化，通俗化，全民化，市場導向化的工作習俗和價值肯定所指導。我們的知識工商化所形成的文化生態，對今後的人類文明和我們的文明人性，又將規劃出怎樣的演化呢？

3.知識份子和讀書人

人類突破一般動物的致知模式，開發拓展了文化生態，並且在這樣的生態下，創建文明，塑造人性，演化出更加文明的文化生態，開創更進一步的文明高峰，造就更加完美的文明人性。這是人類演化的歷程。我們自己開創出文明，塑造成人性。我們自己主宰著人類文明和人性向前繼續演化的命運。

文明的創建和人性的塑造並不是一件簡單自然，輕鬆愉快的事。人類和其他動物一樣，具有粗獷的本能，以及與生俱來的野性。他是在求生競存的歷程中，由於「克己存他」，由於「自制客觀」，而逐步開拓出他的理性、他的感情、他的道德，他的意志；而造就他生活的意義，而樹立起他生命的價值。文明和人性是在教化本能，在馴服野性之下，一步步創發成長，開拓演化而來的。

我們可以想像，起先的一段時間人類是基於生存的需要，甚至鑑於續存的危機，而開始積極致知，而開始通力合作；開始克己存他，開始自制客觀；開始拓生理性，蘊發感情，建立意志；開始創建人類

文明的初階，塑成文明人性的雛型。

文明的初階既成，人性的雛型草創之後，人類的文化生態也就進一步向著新的方向開展。可是這些全都不是天生自然，一勞永逸的事。文明始創，需要繼續開墾加強，才能落實生根；人性雖造，需要不斷涵養琢磨，才不致回歸野蠻。然而，由於人類的細胞並沒有蘊藏文明的基因，人類的軀體也沒有通流人性的血液，因此，文明無法直接生理播種，人性不能簡單受孕遺傳。人類需要繼續不斷的努力，文明才能長足拓展，人性才能發揚光大。

好在自古以來人類社會中總會出現一些有知有識的英才。他們不斷提倡文明的意義，維護人性的價值。他們關心社會的文化走向，檢討時代的潮流風尚。他們情懷人類前途，心存社會公益，獨立思考，不計私益；勇敢批判，不為己利。他們甚至更進一步，富貴不淫，威武不屈，任重道遠，無愧無悔。他們有時成了文明理想的衛士，有時充當人性品格的榜樣。

這是我們心目中「知識份子」的典型，也是中國傳統下的「讀書人」的模範。

這樣看來，知識份子所關心的是文明和人性的事。他們以開明的理性，深厚的感情，超凡的道德和堅強的意志，為世界的未來而思考批判，為人類的前途而疾聲高呼。

表面上看來，心存文明和人性的開展，關懷世界人類的前途，這理該是每一個人份內的事。凡是文明的人，生活在文明的社會裡，享受人類文明的成果，理應喜出望外，生發維護之心。凡是有人性的人，在人間的交往之中，領略人性守成不易，理當如履薄冰，懷藏珍惜之情。是的，這是人人的責任，也是人人的義務。只不過，人類生活在極端複雜的文化生態裡，而且隨著文明和人性的演化，這種生態愈演

愈加複雜。何況有許許多多的人，由於先天秉賦或是後天勤惰，而對世間人事不省不察，不知不覺。有些人顯然背叛文明，可是走火入魔而難以自制。有的人明明違反人性，可是誤入歧途而不自知。這時有知有識的人就要發揮關懷文明之心，珍惜人性之情，激濁揚清，眾昏獨醒，引導人們走出社會與時代的危機，帶領人們步出文明和人性的困局。在這世上，在這人間，有些人背負著文明和人性的十字架，另外有些人沾盡文明和人性的光。知識份子經常背負著文明和人性的十字架。他們因有知有識，有情有德，而自願擔負起這種任重道遠的天職。

在人類演化得愈來愈趨複雜，人類的文化生態嬗變得愈來愈加快速的時代，知識份子也相應地受到嚴重的裡裡外外的衝擊和挑戰。

首先，在這個學科分流，知識爆炸，社會上人人爭相走上知識技術化，技術實用化的時代，知識份子的學養遭受到極大的考驗。知識份子是些有知有識的人。可是枝節而散亂的知識固然不能培養出高超的識野，就是狹隘而深入的知識也無法孕育出卓越的識見。而在今日這種分科成風，實用為尚的時代，有志成為知識份子的人，不但需要有一份高遠的胸懷，許身投入；他更需要一種堅決的意志，剛毅自持。為學求知的事，專精深入容易，廣博通達艱難。專精深入只要依從一貫的原理和同類的方法，步步為營，層層入裡。可是廣博通達需要在不相聯貫的殊多原理之間，融會貫通；在紛雜各樣的不同方法裡，比較選擇，綜合匯流。專精深入通常不必照顧清源疏流，廣博通達往往得注視歷史文化。專精深入可以不理會文明的終極價值，廣博通達不可不照應人性的最後理想。專精深入可以將知識化作技術來從事，廣博通達只能將知識當成修養來進行。專精深入形成知識工業和知識商業，廣博通達涵養知識的理性，知識的感情，知識的道德和知識的意

志。要能成為知識份子，他需講究廣博通達，不能只求專精深入。深入的偏才不算是知識份子。博大的通才才可望成為知識份子。這樣的博大的通才的學養，顯然是任重道遠的歷程。

　　知識分科和教育分流的結果，進一步造成文明和人性的種種割裂和斷離。今天，我們所擁有的往往是局部的、分裂的和隔離的理性，局部的、分裂的和隔離的感情。道德也是如此，價值也是如此，意志也是如此。

　　就以理性來說，今日我們所處的文化生態是科技理性旗正飄飄，也是工商理性甚囂塵上的情境。我們的人文理性沒落，我們的藝術理性式微。在這樣的理性偏頗開展，畸型加強的情勢下，我們的感情也容易傾向偏頗。畢竟情中涵理，理盡情生。理偏情拐，情扭理歪。我們的道德也是如此，我們的價值也是如此，我們的意志也是如此。所以，今天的知識份子必須入乎當今的文化生態之內，而出乎此一文化生態之外，檢討獨斷的理性，鼓吹開明的理性；批判偏頗的感情，提倡平衡的感情；解放狹隘的道德，建立廣含的道德；改造片面的價值，開創深遠的價值。

　　不過，文明是人類的公器，那不是知識份子獨家的珍寶。人性是人人的價值理想，那更不只是知識份子的私人願望。因此，在這個樣樣講究普及化，事事高唱全民化的時代，我們更要努力闡釋知識份子的理想，推廣知識份子的心願。喚起公眾的注意，提高全民的自覺。這樣我們才可望逐步改良我們的文化生態，扭轉文明發展的歧途，保護人性開拓上的健全。

　　今天人類的文化生態亟待改良，正好像我們的自然生態需要加以改善一樣。這是一種人類生態的環保運動：自然生態的環保運動和文化生態的環保運動。當我們著手環保工作的時候，除了必要的知識和

技術之外，最重要的是加強一般人的環保意識，提升公眾的環保自覺。
環保是眾人的事，那必須經過眾人的積極參與，才容易收效成功。文
化的生態環保自然也是如此。今日知識份子的當急之務是致力提倡理
性的環保，提倡感情的環保，提倡道德的環保，提倡價值的環保，提
倡意志的環保，使人類能夠在健康衛生的自然和文化的生態環境下，
培養開明的理性，孕育平衡的感情，建設普遍的道德，樹立高遠的價
值，成就超凡的意志。這是文明的開展工作，這是人性的建設事業。
這是知識份子要努力提倡的文明環保工作。這是知識份子要致力從事
的人性環保工作。

4.大學教育與大學精神

　　大學是教養人才的高等學府。它是為社會為人類培養知識份子最
理想的溫床。

　　在一所大學裡，各門知識林立，各方人才濟濟。學生又能以自由
自主的方式，挖掘新知；以獨立思考的交流，討論問題。在這種環境
下，容易促進知識的增長，造就智慧的提升；並且在互相砥礪，共同
琢磨之下，也更能淨化感情，鞏固道德，奠定價值。尤其在遊歷前人
文化成就之餘，在鑑賞人類文明高深之際，不由生發繼承維護之心，
立定加強再創之念；關心社會發展，體念人間遭遇；培養出知識份子
的心懷和意志。

　　可是綜觀今日的大學，它能不能順順利利地教養人才？能不能暢
暢快快地造就知識份子呢？這是社會人類之所需，但它是不是今日大
學之所能？

　　今日的大學，在當今的文化生態下，遭遇到一些重大的理念上的
障礙。這使它們不能秉持理想，教養傑出的知識份子。今日的大學往

往只能捨本逐末，訓諫出一批批知識上的技師，以及學理上的偏才。

首先，知識上的專精在大學裡被推演到極限，或近乎極限的程度。今日的大學雖然專科林立，但是各成王國，閉關自守，壁壘分明。科系和科系之間，不但無能互相支援，更難交互溝通。尤有甚者，有時同一個科系裡頭，也成專家互斥，各操不同的語言。這樣下去，專業再專業，細分更細分。結果大學所培養的只是高等知識的組成零件，配合科技和工商社會的分工要求。這樣的大學可以產量豐富，效率第一，可是它對人類文明有什麼意義？它對人性拓展有什麼貢獻？今日我們的大學畢業生有知識但無常識，這怎麼算是有知有識。他們是偏才的精品，但卻幾乎沒有通才的影子。這樣的人怎能擔當社會所需，人類所欲的知識份子？

為了彌補這類的缺失，有些大學就在現存的專科教育的基礎上，提倡通識教育，以挽救大學教育的偏頗。

可是大學的通識教育往往只是一種補救的藥方。倘若計劃不周，推行不力，它容易淪為無關宏旨，不受重視的「次等」教育，空為高等學府添加一些無品無質的教育成例。所以，我們應該積極對待目前大學的通識教育。我們應該將大學的通識教育定性為「通才」教育，定性為「完人」教育，定性為培養知識份子，教養讀書人的高等教育。

從這個觀點看，現階段的大學通識教育應該開展成為對今日大學教育生態的批判，提供一種比較健康，比較完美的「另類教育」的可能性和可行性。如果我們認真推行大學的通識教育，有朝一日需能引發各科各系的課程設計、科目要求，以及教育目的和教學方法的改變。有一天當專精和通才不斥不馭，當每一個專科都培養得出有知有識，有情有德的知識份子的時候，那才是，也就是大學通識教育的成功。

提起通才教育，提起完人教育，提起知識份子的教養，我們還得

打破一些時代的迷信。許多人認為現代的大學只能從事知識的研究，知識的傳播和知識的應用。其他像感情的孕育，道德的樹立，價值的創建，以及意志的涵養等等，全不是大學所能為力。於是大學逐漸變成知識技術的培養場所，它慢慢變成製造知識的工廠。它不再是關懷人性，心存文明的教育機構。它不再是培養通才的高等學府。這真是一個天大的錯誤，也是社會與人類無可彌補的損失。

　　基本上，這種時代的迷信和知識學科的細密分工，以及知識教學的隔離分流密切相關。知識割裂操作的結果，製造出一個個互不溝通的「小理性」，比如科學科技的小理性，比如工商實業的小理性。現在，這類的小理性只是被用來做為工具，開發社會與個人的潛能和潛力，以滿足生產和消費的需要。理性成為工具之後，它不再是人性必不可少的品質和條件。工具是用完可棄的東西。如今我們的理性好像正是如此。它只是工具，它是知識技術，它用完可棄！

　　值得注意的是，這種工具主義的思潮似乎不斷擴展，到處彌漫。今天，知識淪為工具，理性淪為工具，就連道德和感情有時也好像只淪為工具。比如，本來道德可以是人性的修養，我們欣賞，尊敬，甚至崇拜那些修成美德的人。可是，另一方面道德也可以是待人處世的工具。一個德高望重的人，可以以德感人，以德服人。不過現在有很多人閉口不提人生美德的事。他們只重行事規範或行為準則，似乎只把道德看成工具而已。感情的事也一樣。我們可以涵養感情當做人性的標記，自己以有情自許，甚至以多情和深情自居。可是現在也有一些人為了現實利益才訴諸感情。他們不求成為有情的人，只要求在有用之時表現出有情的模樣。感情好像只是一種實用工具，他們懷有的好像是一顆用過即棄的心！

　　在人類演化之初，也許文化中的一切皆由充當工具開始的。那時

知識是工具，感情是工具，道德是工具，意志也是工具；一切的價值
都只是工具價值。可是人類老早已經走出這樣的境地。人類早已「弄
假成真」，由單純的工具價值開拓出人性的內在價值。人類也早已「無
中生有」，創造了文化生態，並且在這生態中開發出文明的理想。我
們難道要走回頭路，朝著老遠的過去演化嗎？事實上，我們只要靜思
自問：我們的生活是什麼東西的工具？我們的生命又是什麼東西的工
具？人類的文明是什麼工具？文明人性又是什麼工具？

　　從比較實際的層面來看，大學號稱為高等學府，倘若大學對於感
情的教育，對於道德的教育，對於價值的教育，對於意志的教育，全
都束手無措，置若罔聞，我們怎能要求中學小學反而有能力合理有效
地去推行這些教育呢？教育的目的不在於為人類的理性、感情、道德、
價值和意志造型製模，死板固定。教育的目的在於令人類的這些文明
品質和人性理想培養得更開明，更深刻，更平衡和更高遠，更超凡。
大學身為高等學府，理應加強研討，努力推行，把人類的文明品質和
人性理想進一步發揮，推展到更為開明平衡，更為高遠深刻，更為超
凡脫俗的地步。這樣，大學才真正不負高等學府的使命。

　　可是一切的教育，包括理性的教育，全都不能只是停留在「言教」
的表面層次。否則我們只要利用機械來執行教育工作，就能做到條理
井然，成效顯著。「身教」之所以重要，教師之所以不可被機械取代，
其理由在於凡是教育都是以理生理，以智啟智，以心傳心，以情感情，
以德涵德，以志養志。教師不能以身作則，結果徒增文明教育的不良
榜樣，空留人性教育的反面教材。中學小學的教育已是如此，大學的
教育更沒有兩樣。

　　不過，教育並不是製模定型的工作。一個從事教育的人並不是為
了鑄造他自己的「副本」，或是投落出自己的「影子」。教師的職責在

於開發學生的潛能，啟發他們的性靈，令他們的生命終能點燃出文明和人性的光。這是教育的意義，也是從事教育的喜悅。

由於教育的真正意義不在於鑄造死板的模型，因此大學作為高等教育學府，必須能夠發揮自由開放的精神，鼓勵想像，激發靈感，培養獨立思考和分析批判的能力，以期創造發明，改良更新，對文明的開展和人性的再塑提出新的貢獻。

這種自由開放的精神是一所大學成長進步，創新進取的靈魂。人類的文明不是死板的堆積，人性的理想更不是公式化的演繹。大學必須在教育理想上，在課程策劃上，甚至在教學方法上，積極開發不同的可能性，努力尋求富有前瞻性的原理、策略和工作方式。

大學這種自由開放的精神最能表現在批判性的思考之上。只有善於發揮批判性的思考，才能開展前衛性的思想。事實上，在進行的過程中，兩者經常彼此加強，互為表裡。大學所培養的知識份子，必須發揮獨立思考和分析批判的能力，對於時代加以批判，對於社會加以批判，而且也要對於自我加以批判。我們必須經常檢討，我們所鼓吹建立的到底是開明的理性或是獨斷的理性，是平衡的感情或是偏頗的感情，是普遍的道德或是片面的道德，是高遠的價值或是狹隘的價值，是擇真固執、擇善固執、擇美固執的意志或是隨心所欲、為所欲為的意志。我們應該努力檢討人類的文明向何處開展，我們的人性又往什麼境地演化？

1997年3月13日

滄海叢刊書目（二）

國學類

先秦諸子繫年	錢　　　穆	著
朱子學提綱	錢　　　穆	著
莊子纂箋	錢　　　穆	著
論語新解	錢　　　穆	著
周官之成書及其反映的文化與時代新考	金　春　峰	著
尚書學述（上）、（下）	李　振　興	著
周易縱橫談	黃　慶　萱	著
考證與反思	陳　勝　長	著
——從《周官》到魯迅		
左海鉤沈	劉　正　浩	著

哲學類

哲學十大問題	鄔　昆　如	著
哲學淺論	張　　　康	譯
哲學智慧的尋求	何　秀　煌	著
哲學的智慧與歷史的聰明	何　秀　煌	著
文化、哲學與方法	何　秀　煌	著
人性・記號與文明	何　秀　煌	著
——語言・邏輯與記號世界		
傳統・現代與記號學	何　秀　煌	著
——語言・文化和理論的移植		
邏輯與設基法	劉　福　增	著
知識・邏輯・科學哲學	林　正　弘	著
現代藝術哲學	孫　　　旗	譯
現代美學及其他	趙　天　儀	著
中國現代化的哲學省思	成　中　英	著
——「傳統」與「現代」理性的結合		
不以規矩不能成方圓	劉　君　燦	著
恕道與大同	張　起　鈞	著
現代存在思想家	項　退　結	著
中國思想通俗講話	錢　　　穆	著

藤竹工　　　　　　　　　　　　　　　張　傑　著
石膏工藝　　　　　　　　　　　　　　李　械宗　著
色彩基礎　　　　　　　　　　　　　　何　鈞雲　著
當代藝術采風　　　　　　　　　　　　王　耀保　著
都市計劃概論　　　　　　　　　　　　王　宗鯤　著
建築設計方法　　　　　　　　　　　　陳　紀政　著
古典與象徵的界限　　　　　　　　　　李　雄明　著
　　──象徵主義畫家莫侯及其詩人寓意畫　　　明
民俗畫集　　　　　　　　　　　　　　吳　廷標　著
畫壇師友錄　　　　　　　　　　　　　黃　苗子　著
自說自畫　　　　　　　　　　　　　　高　木森　著
日本藝術史　　　　　　　　　　　　　邢　福泉
　　──比較與研究

～涵泳浩瀚書海　　激起智慧波濤～